AF546819

DAS GEMÜSE KISTEN KOCHBUCH

Stefanie Hiekmann

DAS GEMÜSE KISTEN KOCHBUCH

Saisonal kochen
das ganze Jahr

Vorwort

**In diesem Buch dreht sich alles um Gemüse.
Um bekannte und weniger bekannte Sorten,
um Ernteleiblinge und die, die es werden sollten.**

Die Gemüsekiste bringt jede Woche frischen Wind in deine Küche. Und oft fragst du dich vielleicht: Welche Sorten passen in dieser Jahreszeit gut zusammen? Welches Gemüse liebt welche Kräuter und Gewürze? Wie lassen sich bewährte und lieb gewonnene Rezepte auch mal mit neuen Zutaten kombinieren? Und: Wie integriert man kleine Reste, die im Alltag anfallen?

Dieses Buch liefert dir Antworten auf all diese Fragen!

Ein besonderer Clou: Zu jedem Rezept gibt es vielfältige Tauschoptionen. So bleibt die Gemüseküche das ganze Jahr über bunt und abwechslungsreich, und du kannst die Rezepte immer wieder anpassen – je nachdem, was deine Gemüsekiste gerade hergibt.

Vielleicht hast du auch Lust, etwas mutiger am Herd zu werden? Also auch mal Gemüsesorten in deine Kiste zu wählen, die du bislang eher gemieden hast? Denn, Spoiler: Es lohnt sich sehr, gerade auch »kantigen« Sorten wie Chicorée, Rosenkohl, Topinambur oder überhaupt Kohlgemüse eine kreative Bühne zu bieten – dieses Buch hilft dir dabei.

Hinter all diesen Inspirationen stehe ich als Rezeptentwicklerin und Autorin übrigens nicht allein: Mittendrin sind auch »Die Gemüsegärtner» aus Kalkriese im Landkreis Osnabrück. Seit mehr als 35 Jahren ist der Bio-Gemüsebetrieb auf den regionalen Wochenmärkten in und um Osnabrück unterwegs. Dieses Buch ist in enger Zusammenarbeit mit den Gemüsegärtnern entstanden. Unser gemeinsamer Wunsch war es, eine Ideenschatzkiste zu schaffen, die das Gemüsekistenjahr noch spannender und abwechslungsreicher macht. Und genau diese Schatzkiste hältst du nun in den Händen!

Dazu gibt es noch viele Foto-Einblicke in das Gartenjahr in Kalkriese.
Ein Jahr lang war ich immer wieder vor Ort und habe die Jahreszeiten mit all ihren vielfältigen Gemüsesorten, Kräutern und dem Gärtnerei-Alltag in Bildern festgehalten. Hier zeigt sich, wie bunt das Gemüsejahr wirklich ist: nicht nur in der Kiste, sondern auch dort, wo sie gepackt und bestückt wird.

Viel Freude beim Stöbern, Kochen und Genießen!

Stefanie Hiekmann

So nutzt du dieses Buch

Dieses Buch soll mehr sein als nur ein Nachschlagewerk für Rezepte. Ich wünsche mir, dass es dir als Fundgrube für Ideen und Inspirationen dient, die dich durch das komplette Gemüsejahr begleiten, die du variieren, abwandeln und immer wieder neu inszenieren kannst. Auch beim Schmökern durch die Seiten gibt es daher immer wieder neue Tipps und Anregungen zu entdecken, die dich motivieren, Dinge in der Küche anders zu machen. Denn das ist es doch, was beim Kochen so viel Spaß macht: immer wieder Neues zu entdecken und sich selbst am Herd zu überraschen.

Jeden Monat fünf Gemüsesorten entdecken

Das Gemüsekisten-Kochbuch begleitet dich durch das ganze Jahr. Alle Gemüsesorten, die du zwischen Januar und Dezember in deiner Gemüsekiste findest, tauchen auch hier im Buch auf. **Die wichtigsten Erntelieblinge, die während der Saison meist auch direkt aus der Region kommen, bilden das Herzstück eines jeden Kapitels:** Auf den Auftaktseiten zu den Monatskapiteln findest du jeweils fünf Gemüsesorten, die im Mittelpunkt stehen. Sie sind so ausgewählt, dass sie in dem entsprechenden Monat frisch und in bester Qualität aus der Region kommen. Nur wenige Sorten werden in den Wintermonaten eingelagert oder aus dem Ausland importiert. Durch diese Fokussierung wird der Blick für das saisonale Gemüse aus der Region geschärft, das ja auch genau so am besten schmeckt: reif und frisch geerntet vom Feld. In den Rezepten werden diese Gemüsesorten kreativ mit anderen Zutaten kombiniert, die zeitgleich in der Gemüsekiste landen oder die du vielleicht schon zu Hause vorrätig hast.

Das ist diesen Monat los in der Kiste

Jedes Kapitel startet mit dem Foto der monatlichen Ernteleiblinge. **Auf der passenden Magazinseite zum Monat bekommst du dann viele spannende Hintergrundinfos und Tipps zu den Gemüsesorten des Monats aus deiner Gemüsekiste.** Gerade im Hinblick auf Reste und kleine Mengen aus der Gemüsekiste findest du hier auch schnelle No-Waste-Tipps, die dir in der Alltagsküche helfen.

Regionales Gemüse im Mittelpunkt

Obst und Gemüse, das gerade Saison hat und frisch aus der Region kommt, schmeckt natürlich am besten! **Bei den Rezepten in diesem Buch habe ich den Schwerpunkt daher auf diese saisonalen und meist regionalen Gemüsesorten gelegt.** Das heißt aber nicht, dass in den Zutatenlisten nicht auch importierte Ware ergänzend oder in Nebenrollen auftauchen kann. Wassermelonenwürfel im sommerlichen Gurkensalat passen schließlich wunderbar! Und so ist auch das Teil des Gemüsekisten-Prinzips: mit einem Mix aus regionalen und überregionalen Produkten richtig lecker kochen.

Übrigens: Du bestimmst, was in deiner Gemüsekiste landet! Die meisten Kistenanbieter ermöglichen dir auf ihren Internetseiten, deine Gemüsekiste individuell zu bestücken, teilweise bis kurz vor der Lieferung.

TAUSCH MAL

Tauschoptionen für unzählige Varianten

Jeder kennt das: Man ist auf der Suche nach einem Rezept, das exakt zu dem passt, was gerade im Vorrat oder in der Gemüsekiste auf seinen Einsatz wartet. Damit dir dieses Buch genau an dieser Stelle viele Antworten und Inspirationen liefert, haben wir uns das Tausch-mal-Prinzip ausgedacht: **Neben jedem Rezept findest du die kleine Tausch-mal-Tabelle, die dir zeigt, welches Gemüse aus dem Rezept du gut variieren oder ersetzen kannst. So entstehen unzählige Varianten für die jeweiligen Rezepte.**

Mit diesem Prinzip möchte ich dir zugleich Mut machen, grundsätzlich kreativer und freier mit vorhandenen Zutaten und auch kleinen Resten aus der Gemüsekiste umzugehen: Kein Rezept ist in Stein gemeißelt, es lohnt sich immer, neue Varianten auszuprobieren – und vielleicht entsteht auf diese Weise sogar ein neues Lieblingsrezept?

WICHTIG BEIM TAUSCHEN: Schau, dass du die Garzeiten und Schnittgrößen der jeweiligen Zutaten entsprechend anpasst. Manchmal bietet es sich auch an, den Ofen anstelle des Kochtopfs zu nutzen oder umgekehrt. Ein Beispiel: Pellkartoffeln (S. 65) brauchen 20-30 Minuten, um in kochendem Salzwasser zu garen. Servierst du anstelle der Pellkartoffeln (deutlich größere!) Süßkartoffeln zum Quark, wirst du diese nicht einfach im Ganzen in sprudelnd kochendes Wasser legen, sondern sie lieber vorher schälen und in grobe Würfel schneiden. Oder aber, du lässt dich vom Rezept auf S. 150 inspirieren und garst die Süßkartoffel im Ofen. Besonders festes Gemüse hat tendenziell eine längere Garzeit als weiche Sorten – sowohl in der Pfanne, wie auch im Ofen. Und: je feiner die Schnittweise, desto kürzer die Garzeit.

Beim Gemüsetausch kannst du dich in der Regel an den Mengen im Originalrezept orientieren. In abweichenden Fällen gibt es eine Info in der Tausch-Tabelle. Und sollte der Inhalt deiner Gemüsekiste abweichen, trau dich ruhig, zu improvisieren - sowohl bei den Sortenn als auch bei den Mengen. Eine Gemüse-Carbonara (S. 22) wird schließlich auch mit einer Handvoll mehr oder weniger Gemüse (und sogar gemixten Gemüsesorten!) köstlich schmecken!

Wenn du dich mit der Entscheidung schwertust, welche Gemüsesorten gut zusammenpassen, gibt es eine Faustregel: **Gemüse und Früchte, die zur gleichen Zeit Saison haben, passen oft gut zusammen.** Zum Beispiel Pastinake und Petersilienwurzel im Winter oder zarter Spargel und feine Erbsen im Frühjahr und Sommer. Beim Kombinieren ist es außerdem hilfreich, in den eigenen Geschmackserinnerungen zu kramen: Was schmeckt mir im Restaurant besonders gut? Was sind Lieblingsgerichte aus meiner Kindheit? Und: Welche Gemüsesorten und Zutaten tauchen hier in diesem Buch zusammen auf? Über die Antworten auf diese Fragen wirst du Schritt für Schritt mutiger und kannst bald deine eigenen Lieblingskombinationen zusammenstellen.

Spiel mit Gewürzen!

Beim Lesen und Ausprobieren der Rezepte merkst du schnell, dass ich als Rezeptautorin eine Vorliebe für die Gemüseküche mit Gewürzen habe. Ein echtes Dreamteam, die beiden! **Denn richtig ausgewählt und dosiert heben Gewürze viele Gerichte noch mal auf ein ganz neues Niveau.**

So sind nicht nur die unzähligen Marinaden und Vinaigrettes, sondern auch Ofengerichte und Salate in diesem Buch mit vielfältigen Gewürzen abgeschmeckt, die es zu entdecken lohnt: Ras el Hanout, Kreuzkümmel, Curry, Baharat und geräuchertes Paprikapulver zählen zu den persönlichen Lieblingen, die in meinen Rezepten immer wieder auftauchen.

Du findest es schwierig, Gewürze freestyle einzusetzen, wenn du gerade kein passendes Rezept zur Hand hast? Dann versuche doch mal folgenden Trick: Schau dir an, welches Gemüse in Rezepten häufig mit welchen Gewürzen kombiniert wird, und orientiere dich daran. Wenn du dann vielleicht ähnliche Gemüsesorten hinzufügst oder austauschst, dann bist du auf dem besten Weg, Schritt für Schritt neue Gemüse- und Gewürzkombinationen zu entdecken!

Einige meiner persönlichen Lieblingskombis von Gewürzen und Gemüse findest du in der Liste rechts.

Mix & match: Gewürze und Gemüse

Welche Gewürze passen besonders gut zu welchen Gemüsesorten und umgekehrt? Diese Tabelle inspiriert zum Kombinieren!

Ras el Hanout

Karotte, Sellerie, Rote Bete, Kürbis oder Schwarzwurzel

Kreuzkümmel

Aubergine, Rote Bete, Spitzkohl, Blumenkohl

Curry

Karotte, Kürbis, Knollensellerie, Blumenkohl oder Fenchel; gern auch zu Früchten wie Pfirsich, Aprikose, Nektarine, Physalis oder Birne

Baharat (spicy!)

Paprika, Tomate, Pilze (vor allem gebratene Austernpilze), Kartoffel, Süßkartoffel, Zwiebel, Aubergine oder Kürbis; gern auch vorsichtig dosiert in Kombination mit dunklen Früchten wie Zwetschgen oder Kirschen oder auch zu süßer Ananas

geräuchertes Paprikapulver

Paprika, Aubergine, Zucchini, Tomate, Kartoffel, Süßkartoffel, Zucchini, Zwiebel, Knollensellerie, Kürbis; gern auch mit Früchten wie Pfirsich, Aprikose, Ananas

Basic-Rezepte: praktisch durchs Küchenjahr

Dieses Buch enthält mehrere Doppelseiten, die dir Grundrezepte aus unterschiedlichen Bereichen bieten. **Diese Seiten sind eine echte Fundgrube für neue Inspirationen in der Alltagsküche!** Auf der Seite »Mit Kräutern durchs Jahr» (S. 82/83) findest du beispielsweise Ideen, wie du Gerichte mit Kräutern oder auch Blattgrün von Sellerie, Kohlrabi & Co. verfeinern kannst. Auch zum Haltbarmachen von Kräutern und Blattgrün gibt es viele Vorschläge. Das gilt auch für die Doppelseite »Mit Pickles durchs Jahr» (S. 210/211): Nimm dir an einem Regentag einfach mal die Zeit, in der Küche ein bisschen Gemüse einzulegen – du wirst dich freuen, wenn du dein selbst gepickeltes Gemüse später aus dem Vorrat holst und damit Salate, Gemüsepfannen oder ein ganzes BBQ-Fest bereicherst!

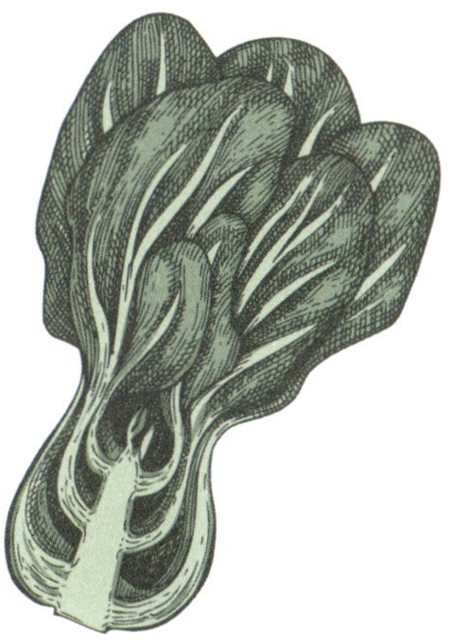

Oft unterschätzt: das Register

Kochbücher haben auf den letzten Seiten stets ein Register. Und ja, mir ging es auch lange so – wirklich genutzt habe ich es selten. Dabei lohnt es sich, denn ein Register kann tolle Dienste leisten! Vor allem in einem Buch wie diesem: Durch das umfangreiche Tauschangebot in den Rezepten macht es nämlich große Freude, das Register als Fundgrube und Unterstützung im Küchenalltag zu entdecken. **Denn dort tauchen viele Gemüsekisten-Vertreter auf, die vielleicht keinen Auftritt als Monatsliebling mit einem eigenen Rezept haben,** wohl aber auf den bunten Magazinseiten vorkommen und dir dort zum Beispiel mit einem einfachen Blitz-Rezept genau das liefern, wonach du gerade suchst. Also: Auch das Stöbern durch das Register lohnt sich.

Saisonkalender

Wann kommt welches Gemüse frisch aus der Region? Der Saisonkalender verrät es! Tatsächlich gibt es viele Gemüsesorten, die das ganze Jahr über in der Gemüsekiste landen – vielfach werden sie außerhalb der Saison als Lagerware vorrätig gehalten oder auch aus dem Ausland oder südlicheren Regionen importiert. Wer seinen Blick schärfen und wissen möchte, wann welches Gemüse wirklich vor der Haustür geerntet wird, wird hier fündig.

Gemüse	1	2	3	4	5	6	7	8	9	10	11	12
Ackerbohnen							x	x				
Auberginen					x	x	x	x	x	x		
Blumenkohl						x	x	x	x	x		
Brokkoli						x	x	x	x	x		
Buschbohnen							x	x	x	x	x	x
Chinakohl						x	x					
Erbsen						x	x					
Fenchel				x	x	x	x	x	x	x	x	x
Frühlingszwiebeln				x	x	x	x	x	x			
Gelbe Bete							x	x	x	x	x	
Grünkohl	x	x									x	x
Gurken				x	x	x	x	x	x			
Karotten					x	x	x	x	x			
Kartoffeln						x	x	x	x	x		
Knollensellerie							x	x	x	x	x	
Kohlrabi				x	x	x	x	x	x	x	x	
Kürbis									x	x	x	

Gemüse	1	2	3	4	5	6	7	8	9	10	11	12
Lauch	■	■	■	■						■	■	■
Mairübchen					■	■	■	■				
Mangold			■	■	■	■	■	■	■	■	■	
Meerrettich	■	■	■	■						■	■	■
Pak Choi				■	■							
Paprika							■	■	■	■		
Petersilienwurzeln									■	■	■	
Pfifferlinge				■	■	■	■	■	■			
Pilze					■	■	■	■				
Radieschen			■	■	■	■	■	■	■	■	■	
Rhabarber	■				■	■	■	■	■			
Rosenkohl				■	■							
Rotkohl						■	■	■	■	■		
Schwarzer Rettich	■	■									■	■
Schwarzwurzeln										■	■	■
Shiitakepilze	■	■	■	■	■	■	■	■	■	■	■	■
Spargel				■	■	■						
Spinat			■	■	■	■	■	■	■	■	■	
Spitzkohl								■	■	■	■	
Stangenbohnen								■	■			
Staudensellerie							■	■	■	■	■	
Steckrüben										■	■	
Stielmus			■	■					■	■		
Süßkartoffeln									■	■		
Tomaten						■	■	■	■	■		
Topinambur	■	■	■							■	■	■

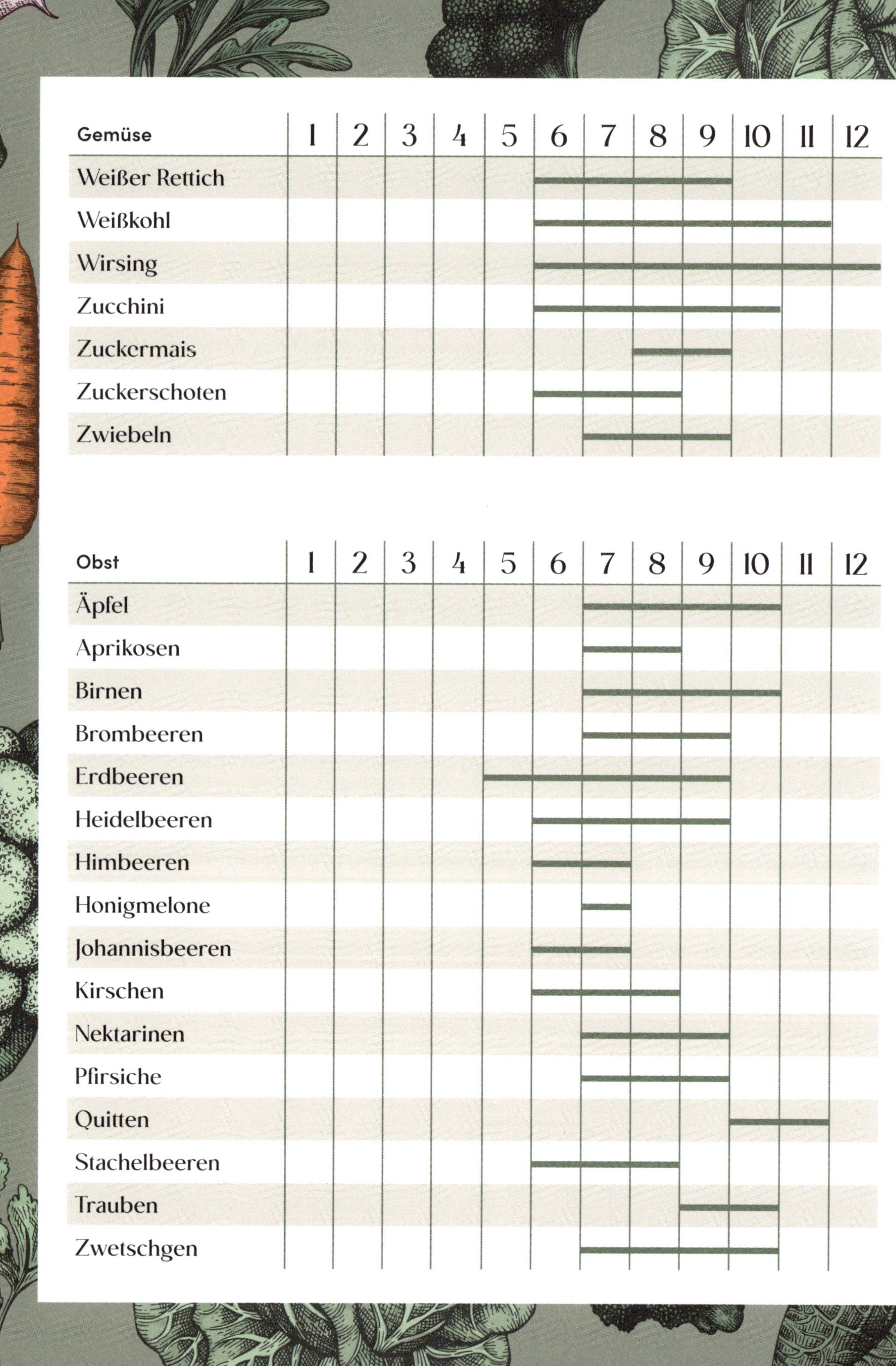

Gemüse	1	2	3	4	5	6	7	8	9	10	11	12
Weißer Rettich						■	■	■	■			
Weißkohl						■	■	■	■	■	■	
Wirsing						■	■	■	■	■	■	■
Zucchini						■	■	■	■	■		
Zuckermais								■	■			
Zuckerschoten						■	■	■				
Zwiebeln							■	■	■			

Obst	1	2	3	4	5	6	7	8	9	10	11	12
Äpfel							■	■	■	■		
Aprikosen							■	■				
Birnen							■	■	■	■		
Brombeeren							■	■	■			
Erdbeeren					■	■	■	■	■			
Heidelbeeren						■	■	■	■			
Himbeeren						■	■					
Honigmelone							■					
Johannisbeeren						■	■					
Kirschen						■	■	■				
Nektarinen							■	■	■			
Pfirsiche							■	■	■			
Quitten										■	■	
Stachelbeeren						■	■	■				
Trauben									■	■		
Zwetschgen							■	■	■	■		

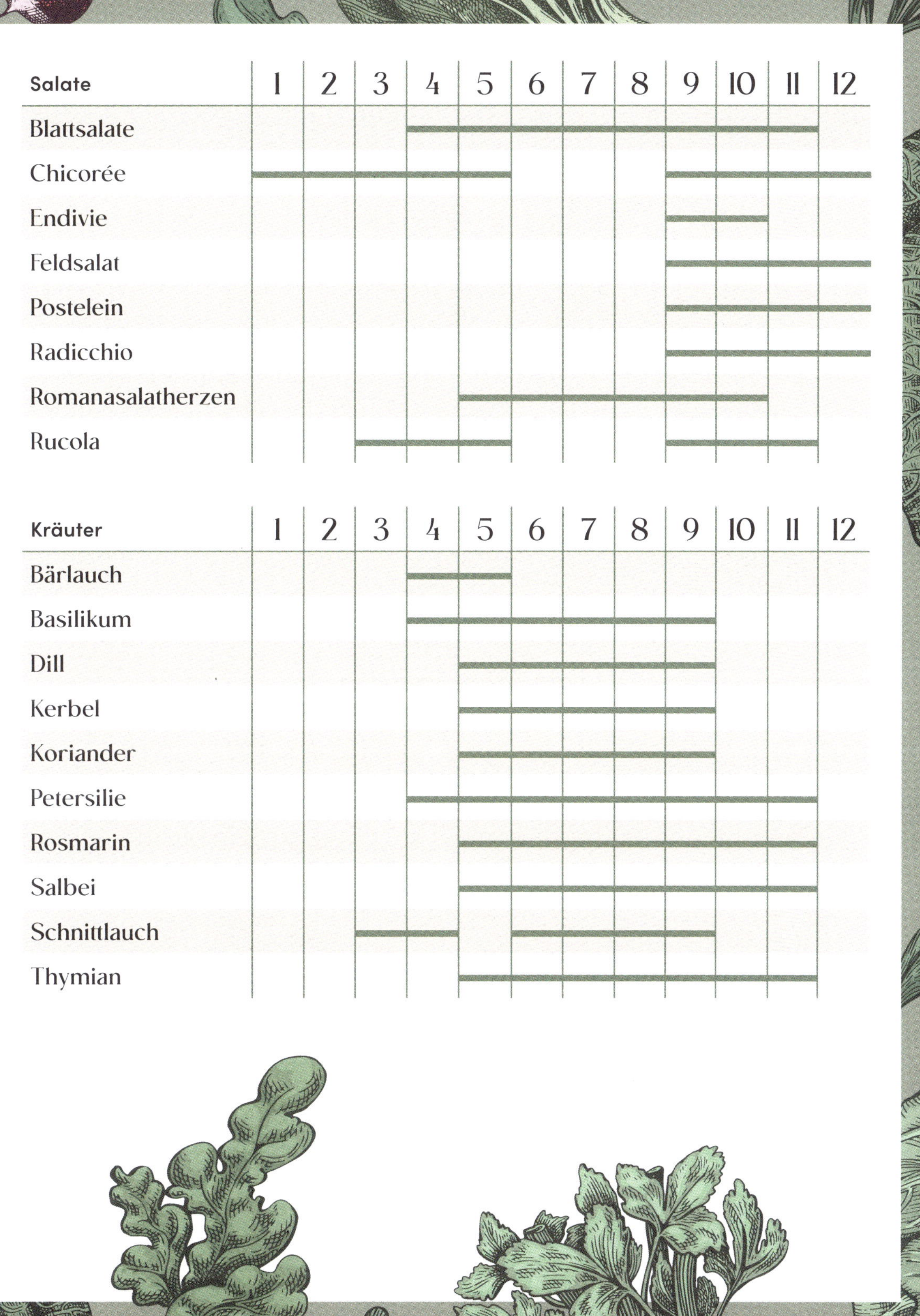

Salate	1	2	3	4	5	6	7	8	9	10	11	12
Blattsalate				—	—	—	—	—	—	—	—	
Chicorée	—	—	—	—	—				—	—	—	—
Endivie									—	—		
Feldsalat									—	—	—	—
Postelein									—	—	—	—
Radicchio									—	—	—	—
Romanasalatherzen					—	—	—	—	—	—		
Rucola			—	—	—				—	—	—	

Kräuter	1	2	3	4	5	6	7	8	9	10	11	12
Bärlauch				—	—							
Basilikum				—	—	—	—	—	—			
Dill					—	—	—	—	—			
Kerbel					—	—	—	—	—			
Koriander					—	—	—	—	—			
Petersilie				—	—	—	—	—	—	—	—	
Rosmarin					—	—	—	—	—	—	—	
Salbei					—	—	—	—	—	—	—	
Schnittlauch			—	—		—	—	—	—			
Thymian					—	—	—	—	—	—	—	

01
Januar

Carbonara mit Lauch

Im Rezept einer klassischen Carbonara spielt Gemüse keine Rolle – schade eigentlich! Denn wer einmal die grüne Variante mit gebratenem Lauch probiert hat, wird auch andere Carbonara-Variationen mit Gemüse testen wollen. Das Beste: Für jede Jahreszeit lassen sich tolle Kombinationen finden, also los geht's!

FÜR 4 PORTIONEN

200 g Schinkenspeckwürfel
2 große Lauchstangen (ca. 300–400 g)
400 g Spaghetti
Salz
6 Eigelb
100 g Parmesan, frisch gerieben
frisch gemahlener schwarzer Pfeffer

Die Schinkenspeckwürfel in einer beschichteten Pfanne auslassen und im eigenen Fett 10–15 Minuten knusprig braten. Den Speck aus der Pfanne nehmen, das Fett aber für den gebratenen Lauch darin lassen.

Die Lauchstangen von den Wurzelenden befreien und längs leicht einschneiden, sodass man sie unter fließendem Wasser gut waschen und auch den Sand zwischen den Segmenten entfernen kann.

Den Lauch in grobe Ringe oder Stücke schneiden. Das Schinkenfett erneut erhitzen und den Lauch darin 3–5 Minuten kräftig anbraten. Darauf achten, dass er nicht zu weich wird, die Lauchringe dürfen gern ein bisschen Textur und Biss behalten. Den gebratenen Speck wieder in die Pfanne geben und vorsichtig mit dem Lauch vermengen.

Parallel die Spaghetti in reichlich kochendem Salzwasser al dente garen. Kurz vor dem Abgießen eine Tasse Kochwasser abschöpfen.

In einer Schüssel das Eigelb mit dem geriebenen Parmesan vermischen und salzen. 2–3 EL vom warmen Nudelwasser hinzufügen und alles cremig verrühren.

Den lauwarmen Ei-Parmesan-Mix zur Lauch-Schinken-Mischung in die Pfanne geben und locker vermengen, aber nicht mehr erhitzen. Die Pfanne vom Herd ziehen und die gut abtropften Spaghetti dazugeben. Alles vermengen, sodass sich die cremige Ei-Parmesan-Sauce mit einem Glanz um alle Zutaten legt und leicht andickt, aber keinesfalls stockt – so ist die Carbonara perfekt. Mit Salz und Pfeffer abschmecken.

Die Lauch-Carbonara in Schalen oder tiefen Tellern anrichten und direkt servieren.

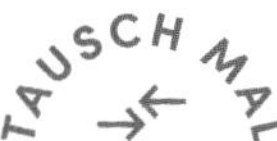

Lauch	**Spargel, Stielmus, Spinat, Mangold, Kirschtomaten, Paprika, Zucchini, Pfifferlinge, Kräuterseitlinge oder Puntarelle**

Caesar Salad mit Chicorée und Mandarine

Der Clou am Caesar Salad ist der Parmesan. Dessen kräftigem Aroma verdankt der Salat seinen großartigen runden Geschmack. Praktisch: Im Originalrezept wird Romanasalat verwendet, das Prinzip funktioniert aber auch mit unzähligen anderen Zutaten und Kombinationen. So trifft knackiger Chicorée hier auf süße Mandarinen und wird mit gebratenen Hähnchenbruststreifen und Cashewkernen zu einem köstlichen Sattmacher-Salat kombiniert – eine schnelle Winter-Variante des berühmten Klassikers!

FÜR 4 PORTIONEN

Salat
4 Chicorée
4 süße Mandarinen (ca. 250–300 g)
600 g Hähnchenbrustfilet
Salz
3 EL Olivenöl
4 EL grob gehackte Cashewkerne
4 EL frisch gehobelter Parmesan

Dressing
75 g Mayonnaise (S. 47)
50 g Sahnejoghurt oder Schmand
50 g Parmesan, frisch gehobelt
1 EL Zitronensaft oder heller Balsamicoessig
1 TL Ahornsirup
1 Msp. frisch geriebener Knoblauch
Salz
frisch gemahlener schwarzer Pfeffer

Den Chicorée waschen, trocken tupfen und die einzelnen Blätter abzupfen. Als »Schälchen« mit der Öffnung nach oben auf Salatteller setzen. Die Mandarinen schälen, in Segmente teilen und auf und zwischen den Chicoréeblättern verteilen.

Das Hähnchenbrustfilet in Streifen schneiden und rundherum leicht salzen. Das Olivenöl in einer beschichteten Pfanne erhitzen und die Hähnchenbruststreifen darin von allen Seiten goldbraun braten. Ebenfalls auf und zwischen den Chicoréeblättern anrichten. Die Cashewkerne in die Pfanne geben und kurz im vorhandenen Hähnchen-Bratfett goldbraun rösten.

Für das Dressing alle Zutaten mixen und mit Salz und Pfeffer abschmecken. Das Dressing über den Salat träufeln und die gerösteten Cashewkerne sowie die Parmesanhobel darauf anrichten. Direkt servieren.

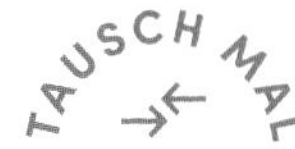

Chicorée	**1 Radicchio oder 2 Romanasalatherzen**
Mandarinen	**reife Birne, Trauben, Mirabellen, Aprikosen, Pfirsiche oder Nektarinen**

REZEPT-TIPP:

Kuchen mit Früchten und Nüssen

Mit einem Rührteig ist schnell ein leckerer Kuchen gezaubert. Dieses Grundrezept lässt sich mit verschiedenen Früchten variieren. Eine schöne Winterkombi: Mandarine, Apfel und Walnuss.

FÜR EINE KLEINE SPRINGFORM (Ø ca. 20 cm) aus **100 g weicher Butter**, **100 g braunem Zucker**, **2 Eiern**, **100 g Mehl (Type 405)** und **2 TL Backpulver** einen Rührteig mixen. Mit **1 Prise Salz** und etwas **Vanille** abschmecken. Den Teig in eine gefettete Form streichen und mit **je 2–3 Handvoll Mandarinenfilets und Apfelwürfeln** belegen. Die Früchte leicht in den Teig drücken und dabei kleine Lücken lassen, damit der Teig durch die Früchte nach oben aufgehen kann. **80 g grob gehackte Walnusskerne** (nicht zu fein hacken, sonst bräunen sie zu stark) mit **2 TL Ahornsirup** und **1 Prise Salz** mischen, auf den Kuchen streuen und ebenfalls leicht andrücken. Den Kuchen im heißen Ofen bei 180 °C auf der mittleren Schiene 40–45 Minuten backen. Mindestens lauwarm auskühlen lassen und mit **Sahne**, **Vanilleeis** oder **Mandarinencreme** (200 g Sahne, 2 EL Mandarinensaft, 2 EL Ahornsirup, 1 Prise abgeriebene Mandarinenschale) servieren.

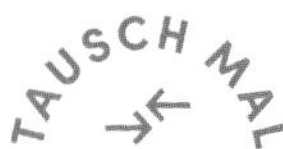

Apfel-Mandarine-Walnuss	**Birne-Pistazie, Zwetschge-Walnuss, Mirabelle-Mandel**

Wumms an den Rotkohl!

Wer Rotkohl als klassisches Wintergemüse und Beilage zu Fleisch, Kartoffeln oder Klößen schon einmal selbst gekocht und abgeschmeckt hat, weiß, worauf es ankommt: Wumms muss her! Rotkohl verträgt sowohl Süße als auch Säure und natürlich muss auch die Salzmenge stimmen. Womit aber lässt sich das geschmorte oder langsam gedünstete Wintergemüse besonders gut würzen?

Sojasauce: Die salzige und umamireiche Note der Sojasauce verleiht dem Rotkohl eine besonders würzige und sprichwörtlich »runde« Note und Tiefe – ohne dass er gleich asiatisch schmecken muss. Beim Würzen ist die Dosierung entscheidend: Auf 1 kg Rotkohl sind 2 EL Sojasauce durchaus dezent.

Dunkler Balsamicoessig: Balsamico verleiht dem Rotkohl eine angenehm süßsaure Note. Am besten gibt man ihn erst gegen Ende der Garzeit dazu und lässt ihn kurz einkochen. Übrigens: Je reifer und hochwertiger der Essig, desto mehr Süße und mildere Säure bringt er in den Rotkohl. 1 kg Rotkohl verträgt durchaus 2 EL Balsamicoessig - mehr gern nach Bedarf, immer schrittweise abschmecken.

Ahornsirup: Ein echter Würz-Joker – nicht nur für Rotkohl! Ahornsirup verleiht dem Rotkohl eine natürliche Süße und fördert beim Braten oder Karamellisieren in der Pfanne die sogenannte Maillard-Reaktion: Das Gemüse erhält so gleichzeitig einen angenehmen und sehr bereichernden Karamell-Effekt. Für 1 kg Rotkohl sind gut 2 EL Ahornsirup perfekt.

Topinambur: vielseitig kombinierbar

In der Konsistenz ähnelt sie der Kartoffel, im Geschmack der Artischocke – Topinambur ist ein würziges Gemüse, das sich hervorragend im Ofen zubereiten lässt und auch als Püree oder Suppe sehr gut schmeckt **(Gemüsecreme mit Topinambur, Birne und Pilzen, S. 34)**.

Achtung! Aufgrund des hohen Inulingehalts kann Topinambur in größeren Mengen leicht abführend wirken. Daher ist es sinnvoll, nicht zu viel davon auf einmal zu essen (bis etwa 150 g pro Mahlzeit pro Person) und die Knolle mit anderen leckeren Gemüsesorten wie Sellerie, Pastinake, Petersilienwurzel oder Kartoffeln zu kombinieren.

NO-WASTE-TIPP:

Lauchgrün nicht in die Tonne!

Mit dem Lauch machen es viele wie mit den Karotten: zack, erst mal das Grün abdrehen und weg damit. Wie schade! Denn wenn die oberen grünen Blätter des Lauchs nicht gerade trocken, holzig oder faserig-spröde sind, lassen sie sich wunderbar in der Küche verwenden. So geben sie zum Beispiel Gemüse- oder Hühnerfond Würze und Geschmack. In der Pfanne dünstet man sie zu einem schnellen Rahmgemüse, das auch als Ratzfatz-Gemüsesauce zu Pasta funktioniert: entweder pur, mit geschmolzenem Parmesan oder mit gebratenen Schinkenwürfeln.

Alternativ einfach das Lauchgrün für eine cremige **Gemüse-Carbonara** (S. 22) einsetzen – köstlich!

Der Spültrick: Lauch ohne Sand

Den Lauch der Länge nach einschneiden und unter fließendem Wasser waschen. So gelangt das Wasser zwischen die Lauchblätter und spült auch den Raum zwischen den Segmenten frei.

Rotkohlsalat mit Hackbällchen und Miso-Mayo

Wer im Winter zwischen all den deftigen Schmorgerichten Lust auf etwas Frisches hat, ist mit diesem knackigen Rotkohlsalat bestens beraten: Die Orangen machen ihn fruchtig und landen gleich auch in der Miso-Mayonnaise – die übrigens auch auf dem nächsten Sandwich mit gebratenem Hähnchen wunderbar schmeckt.

FÜR 4 PORTIONEN

Rotkohlsalat
1 kleiner Rotkohl (800 g)
3 Frühlingszwiebeln
2 Bio-Orangen (ca. 200 g)
3 EL gerösteter Sesam

Asia-Marinade
4 EL Sojasauce
½ TL frisch geriebener Ingwer
1 TL Fischsauce (wenn vorhanden, sonst Sojasauce)
2 EL geröstetes Sesamöl
2 EL Ahornsirup
2 EL Reisessig
Chiliflocken oder Chilisauce nach Geschmack

Miso-Orangen-Mayonnaise
1 TL helle Misopaste
1 TL Sojasauce
1 TL geröstetes Sesamöl
1 TL Ahornsirup
125 g Mayonnaise (S. 47)
2 Msp. Abrieb von 1 Bio-Orange (siehe oben)
1 Spritzer Orangensaft (siehe oben)

Hackbällchen
1 kg Rinderhackfleisch
1 TL Salz
Pfeffer oder Chiliflocken nach Geschmack
3 EL Sojasauce
2 Eier
3 EL Semmelbrösel
2 EL Sesamöl zum Braten

Rotkohl waschen, vom Strunk befreien und sehr fein schneiden. Frühlingszwiebeln waschen, putzen und schräg in dünne Ringe schneiden. Orangen heiß waschen und trocken tupfen. 2 Msp. Schale für die Mayo abreiben, dann die Orangen filetieren, den Saft ebenfalls für die Mayo auffangen. Rotkohl, Frühlingszwiebeln und Sesam in einer großen Schüssel vermengen.

Alle Zutaten für die Marinade verrühren und mit sauberen Händen in den Rotkohl-Mix kneten, bis er weich wird. Für die Mayo Miso mit Sojasauce, Sesamöl und Ahornsirup glatt rühren, dann mit Mayonnaise, Orangenabrieb sowie -saft vermengen.

Für die Hackbällchen alle Zutaten vermengen und aus der Masse kleine Bällchen formen. Das Sesamöl in einer beschichteten Pfanne erhitzen und die Bällchen darin rundherum goldbraun braten.

Die Orangenfilets unter den Rotkohl heben und den Salat abschmecken. Die Hackbällchen mit dem Rotkohlsalat und der Miso-Mayonnaise anrichten und direkt servieren.

Orangen	**Blutorangen oder Clementinen; Khakis, Pfirsiche oder Aprikosen (nur im Salat)**
Rotkohl	**Spitz- oder Weißkohl**
Frühlingszwiebeln	**1 kleine rote Zwiebel**

Kartoffel-Rettich-Puffer mit Kräuterquark

Was soll man bloß mit schwarzem Rettich tun? Erste Option: Pur als Rohkost knabbern – er erinnert geschmacklich an Radieschen, weißen Rettich oder auch Mairübchen, wobei Mairübchen deutlich milder sind. Zweite Option: Unbedingt diese Puffer ausprobieren! Für noch mehr Rettich-Power kannst du 1–2 EL frisch geriebenen Meerrettich in den Pufferteig oder auch in den Quark geben.

FÜR 4 PORTIONEN

Puffer
500 g Kartoffeln (geputzt gewogen)
500 g schwarzer Rettich (geputzt gewogen)
1 TL Salz
3 Eier
2 EL Speisestärke oder Mehl
4-6 EL Sonnenblumenöl

Kräuterquark
250 g Speisequark
100 g Joghurt
1 EL Zitronensaft
½ TL Ahornsirup
4 EL fein gehacktes Frühlingszwiebelgrün und Petersilie (nach Geschmack kombiniert)
Salz
frisch gemahlener schwarzer Pfeffer

Die Kartoffeln und den Rettich waschen, schälen und grob reiben. Die Raspel in ein Sieb geben, die Flüssigkeit ausdrücken und entsorgen. Den Gemüse-Mix gründlich mit Salz, Eiern sowie Speisestärke vermengen.

Etwas von dem Öl in einer großen beschichteten Pfanne erhitzen und die Masse portionsweise hineingeben. Die Puffer von beiden Seiten goldbraun braten, dann aus der Pfanne nehmen und warm halten. So weitermachen, bis der Teig verbraucht ist, dabei jeweils vor dem Braten noch etwas mehr Öl hinzugeben.

Für den Quark alle Zutaten vermengen und abschmecken.

Die warmen Puffer mit dem Kräuterquark servieren.

schwarzer Rettich	**Mairübchen, Rettich, Zucchini oder Spinat (gewaschen, ausgedrückt und gehackt unter die Kartoffeln gehoben)**

Gemüsecreme mit Topinambur, Birne und Pilzen

Topinambur gehört zu den Geheimtipps in der winterlichen Gemüsekiste! Es lohnt sich, die kleinen Knollen einmal zu probieren und ihren auffällig nussig-würzigen Geschmack, der irgendwo zwischen Artischocke, Sellerie und Kartoffel liegt, zu entdecken. Dieses Rezept ist einfach und zeigt die Topinambur gleich in zwei verschiedenen Rollen: als cremig-sahniges Gemüsepüree und als geröstetes Gemüse on top! Dazu passen Hähnchenkeulen, die im Ofen mitgebacken werden.

FÜR 4 PORTIONEN

600 g Topinambur
1 kleine Sellerieknolle (ca. 800 g)
1 große Birne
7 EL Olivenöl
Salz
1 TL Ahornsirup
2 TL Zitronensaft
500 g gemischte Pilze
(z. B. Kräuterseitlinge, Shiitake)
frisch gemahlener schwarzer Pfeffer
4 große Blätter Radicchio
200 g Sahne

Den Ofen auf 200 °C vorheizen.

Die Topinambur mit einem Sparschäler von der Schale befreien und vierteln. Die Sellerieknolle schälen und in kleine Würfel schneiden. Die Birne entkernen und achteln.

Topinambur, Sellerie und Birne in einer großen Ofenform mit 3 EL Olivenöl, 1 TL Salz, dem Ahornsirup und 1 TL Zitronensaft vermengen. Im heißen Ofen 50-60 Minuten goldbraun und weich rösten, zwischendurch einmal vermengen.

Die Pilze putzen, nach Bedarf halbieren. Die Kräuterseitlinge halbieren und auf der Schnittfläche rautenförmig einritzen. 3 EL Öl in einer beschichteten Pfanne erhitzen, die Pilze darin kräftig anbraten und mit Salz und Pfeffer würzen. Den Radicchio in Stücke zupfen und mit dem restlichen Öl (1 EL) und etwas Salz marinieren.

Das Röstgemüse aus dem Ofen nehmen und zwei Drittel davon mit der Sahne pürieren. Mit Salz, Pfeffer und dem restlichen Zitronensaft (1 TL) abschmecken.

Die Gemüsecreme mit den gebratenen Pilzen, dem restlichen Ofengemüse und den marinierten Radicchioblätter anrichten und servieren.

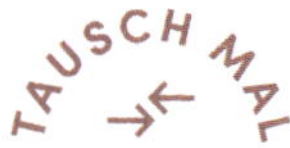

Topinambur	**Petersilienwurzel oder Pastinake**
Radicchio	**Chicorée oder Pak Choi**
Birne	**Apfel**

02
Februar

Ofen-Zwiebeln und Pflaumen mit Burrata

Eine Wintervariante von Tomate-Burrata: Die Zwiebeln werden im Ganzen im Ofen geröstet und anschließend ganz einfach aus der Schale gedrückt. Beeindruckend, wie viel Eigensüße in Zwiebeln steckt! Vor dem Servieren werden sie mit Trockenpflaumen, gemahlenem Koriander, Kreuzkümmel, etwas dunklem Balsamico und Zitronenthymian verfeinert, köstlich!

FÜR 4 PORTIONEN

8 rote Zwiebeln (ca. 400-500 g, am besten kleine Exemplare)
4 Schalotten
2 Knoblauchzehen
12 Soft-Trockenpflaumen (ca. 100 g)
4 EL Olivenöl
je 1 Msp. frisch gemörserter Koriander und Kreuzkümmel
2 Zweige Zitronenthymian oder Thymian
3 EL dunkler Balsamicoessig
1 EL Ahornsirup
Salz
frisch gemahlener schwarzer Pfeffer
4 Kugeln Burrata (à 100 g, Zimmertemperatur)
4 dicke Scheiben Sauerteigbrot (nach Wunsch in Olivenöl und Salz in einer beschichteten Pfanne geröstet)

Geröstete Nüsse oder Kerne
80 g Walnuss- oder Kürbiskerne
1 TL Ahornsirup
1 gute Prise Salz

Den Backofen auf 200 °C vorheizen. Zwiebeln und Schalotten waschen, falls sie sandig sind, und mit den ungeschälten Knoblauchzehen in eine Form legen. Im Ofen 45 Minuten rösten, dann herausnehmen.

Die Walnuss- oder Kürbiskerne mit Ahornsirup und Salz vermengen und auf ein mit Backpapier belegtes Blech geben. Im noch heißen Ofen 10 Minuten goldbraun rösten, dann herausnehmen und abkühlen lassen.

Zwiebeln, Schalotten und Knoblauch an den Wurzelenden anschneiden, aus den Schalen drücken und längs halbieren. Die Pflaumen in Streifen schneiden oder vierteln.

Das Olivenöl in einer beschichteten Pfanne erhitzen, die Pflaumen darin bei schwacher Hitze 3–5 Minuten weich dünsten. Dann Koriander und Kreuzkümmel unterrühren. Zwiebel-, Schalotten- und Knoblauchhälften hinzufügen und 3 Minuten leicht auf den Schnittflächen braten. Thymianblättchen zugeben und kurz mitbraten. Balsamico und Ahornsirup zufügen, alles bei schwacher Hitze leicht karamellisieren lassen, salzen und pfeffern. Ist die Mischung zu trocken, etwas Olivenöl und Balsamico ergänzen.

Den warmen Zwiebel-Pflaumen-Mix mit dem Sud aus der Pfanne sowie der Burrata in Schalen anrichten und mit den gerösteten Kernen bestreuen. Mit dem Brot servieren.

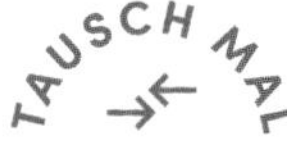

Zwiebeln	**Rote oder Gelbe Bete (1 Stunde im Ofen)**
Zitronenthymian	**Rosmarin**
Soft-Trockenpflaumen	**Soft-Datteln, frische Feigen oder 250 g Trauben**

Fischbrötchen mit Meerrettich und Preiselbeeren

Frischer Meerrettich oder Kren – in Österreich ist das Allround-Talent aus der Alltagsküche nicht wegzudenken, und auf dem Brotzeit-Brettl ist frisch geraspelter Kren ein echtes Muss. Wer in den Wintermonaten die Chance hat, frischen Meerrettich zu ergattern, sollte damit Stullen, Sandwiches oder eben Fischbrötchen verfeinern. Ein super Match sind übrigens auch Meerrettich und Rote Bete: Unbedingt mal zu einem Rote-Bete-Salat oder einer pinken Rote-Bete-Gemüsesuppe probieren!

FÜR 4 PORTIONEN

Fischbrötchen
4 geräucherte Forellenfilets
4 Brötchen nach Wahl (Körnerbrötchen, Roggenbrötchen oder Brioche)
8 Blätter Salat (z. B. Radicchio, Winterkopfsalat, Endivie, Lollo Rosso)
1 Zwiebel
6 EL frisch geraspelter Meerrettich
2 EL Preiselbeerkompott oder -konfitüre

Senf-Preiselbeer-Dip
75 g Tafel-Meerrettich
75 g Senf
75 g Preiselbeerkompott oder -konfitüre
75 g Schmand
2 EL Ahornsirup
Salz

Die Forellen rechtzeitig aus der Kühlung nehmen, gern sogar ganz leicht im warmen Ofen 10 Minuten bei ca. 50 °C erwärmen.

Die Brötchen aufschneiden und auf Tellern oder einem großen Brett bereitlegen. Für den Dip alle Zutaten vermengen und abschmecken.

Den Salat waschen und trocken tupfen. Die Zwiebel schälen und in feinste Ringe schneiden. Die Hälfte der Zwiebelringe unter den Dip mengen. Das Kompott glatt rühren.

Die Brötchen belegen: Die unteren Hälften mit dem Dip bestreichen und mit Salat, Zwiebelringen und etwas geraspeltem Meerrettich belegen. Darauf jeweils ein Forellenfilet setzen und noch etwas von dem Dip sowie punktuell etwas Preiselbeerkompott verteilen. Wieder mit Zwiebelringen und Meerrettich belegen.

Die oberen Brötchenhälften dünn mit dem Dip bestreichen, aufsetzen und die Fischbrötchen servieren.

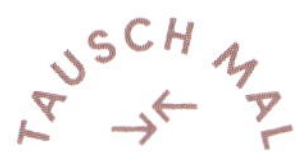

Zwiebel	**rote Zwiebel, 8 Radieschen, 200 g Rettich oder schwarzer Rettich**

Meerrettich: Wozu passt er?

Wer Meerrettich (in Österreich als Kren bekannt) bislang nur in Form von Sahne- oder Tafelmeerrettich aus dem Glas oder aus der Tube gegessen hat, sollte ihn jetzt auch unbedingt mal frisch probieren! In den Wintermonaten gibt es frische Meerrettichwurzeln auf dem Markt und in den Gemüsekisten. **Grob oder fein geraspelt setzt Meerrettich Stullen, Fischgerichten und auch Suppen ein angenehm scharfes und würziges i-Tüpfelchen auf.** Rote Bete und Meerrettich sind ein echtes Dreamteam, außerdem passt geriebener Kren zu Räucherfisch (S. 41) oder gebratenem Fisch aus Pfanne oder Ofen. Auch superlecker: Ein paar frische Meerrettichraspel mit in den Teig für selbst gemachte Kartoffelpuffer geben, zum Beispiel für die **Kartoffel-Rettich-Puffer von S. 33.**

Die dunkle Schale wird übrigens nicht mitgegessen und am besten vor dem Verarbeiten mit einem scharfen Messer entfernt. Der helle Teil der Meerrettichwurzel wird zum Servieren einfach geraspelt oder fein gerieben.

Weißkohl: easy Winterkraut!

In den kühlen Wintermonaten ist die Kräuterernte mau. Wer dennoch etwas Knackig-Frisches auf seine Gerichte geben möchte, kann besonders schöne und grüne Blätter vom Weißkohl fein schneiden, mit etwas Öl und Salz marinieren und als knackiges Topping nutzen (S. 51) - auch für kleine Reste perfekt!

Urkarotten: farbenfrohe alte Sorten

Urkarotten sind die Urform der Karotte. Denn bevor die orangefarbenen Züchtungen den Markt eroberten, war das Angebot deutlich bunter! Dank eben besagter Urkarotten, reicht die natürliche Vielfalt von Violett, Gelb und Weiß bis hin zu Orange. Und nicht nur das – **häufig sind die alten Sorten nicht nur bunter, sondern auch aromatischer und geschmacksintensiver als herkömmliche Karotten.** Genauso wie ihre modernen Schwestern sind Urkarotten sehr gut lagerfähig, sodass sie in der Küche auch im Winter zur Verfügung stehen.

Veggie-Liebling Austernpilz

Austernpilze sind wahre Tausendsassa in der Gemüseküche, vor allem als Fleischersatz. Mit der richtigen Marinade kommen sie in Textur, Aussehen und Geschmack erstaunlich nah ans tierische Original heran.

Sie sind bestens geeignet, wenn man Veggie-Pulled-Pork zubereiten möchte. Die Pilze lassen sich ganz einfach mit den Händen in Stücke zupfen und die Zubereitung funktioniert dann ähnlich wie bei dem **Austernpilz-Döner** (S. 48): Die feinen Streifen einfach knusprig braten, marinieren, noch etwas Hitze und damit Farbe zugeben, fertig!

Das ist übrigens wirklich wichtig: **Mut zur Hitze! Die Pilze dürfen nicht im eigenen Saft in der Pfanne schwimmen, sondern müssen ordentlich scharf angebraten werden.** So werden sie außen leicht knusprig und können im nächsten Schritt mit verschiedenen Saucen und Gewürzen mariniert werden.

EXPRESS-REZEPT:

Pinke Zwiebeln für den Burger

Fans von Burgern, Sandwiches und kreativ belegten Stullen werden diese blitzschnell eingelegten roten Zwiebeln lieben! Der Clou dabei: Durch den Essig bekommen sie eine sensationelle pinke Farbe.

Einfach **je 1 Teil Essig, Wasser sowie Zucker** mischen und kurz mit dem Mixer verrühren, sodass sich der Zucker auflöst. **Rote Zwiebeln** in Streifen in ein sauberes Glas füllen und mit der Mischung übergießen. Die eingelegten Zwiebeln halten sich gut 2 Wochen und länger im Kühlschrank.

Wer die Zwiebelstücke minimal angaren möchte, kocht den Sud einmal auf, wobei sich der Zucker automatisch löst, und gießt ihn dann über die vorbereiteten Zwiebelstreifen in das Glas.

Ofengemüse-Salat mit Radicchio

Ein Mix aus warmer und kalter Küche: Die bunten Karotten rösten zusammen mit Kichererbsen im Ofen, dann werden sie mit knackigem Salat, cremiger Avocado und einer fruchtigen Curry-Vinaigrette vermengt – ein echter Alltagsküchen-Liebling! Wer mag, brät oder grillt dazu Fischfilet oder Hähnchen.

FÜR 4 PORTIONEN

Ofengemüse
1 kg Urkarotten/bunte Karotten
2 rote Zwiebeln
1 Glas Kichererbsen
(Abtropfgewicht ca. 250 g)
3 EL Olivenöl
1 TL Salz

Salat
1 kleiner Kopf Radicchio (ca. 250 g)
2 reife Avocados
Salz
2 Spritzer Zitronensaft

Curry-Vinaigrette
4 EL Olivenöl
2 EL Apfel-Balsamico
1 EL Ahornsirup
1 gehäufter TL körniger Senf
1 TL Aprikosenkonfitüre
2 Msp. Currypulver
Salz
frisch gemahlener schwarzer Pfeffer

Den Backofen auf 200 °C vorheizen.

Die Karotten bei Bedarf schälen und je nach Größe längs halbieren oder vierteln. Die Zwiebeln schälen und in Streifen schneiden. Kichererbsen abgießen, das Wasser (Aquafaba) aufbewahren und zum Beispiel für pflanzlichen Eischnee oder vegane Mayonnaise (S. 47) nutzen. Die Kichererbsen heiß abwaschen und abtropfen lassen.

In einer großen Ofenform die Karotten, Zwiebelstreifen und Kichererbsen mit dem Olivenöl und Salz vermengen. Im Ofen 35–40 Minuten rösten. Nach der Hälfte der Garzeit einmal umrühren.

In der Zwischenzeit den Radicchio waschen, trocken schütteln und in grobe Stücke zupfen. Die Avocado schälen, entkernen und in Streifen schneiden. Rasch leicht salzen und mit Zitronensaft beträufeln, sodass sie ihre Farbe behalten.

Alle Zutaten für die Vinaigrette miteinander verquirlen und abschmecken.

Das Gemüse und die Kichererbsen aus dem Ofen nehmen und mindestens 10 Minuten, aber höchstens lauwarm abkühlen lassen. Dann mit der Vinaigrette, dem Radicchio und den Avocadospalten vermengen und den Salat lauwarm servieren.

TAUSCH MAL

Urkarotten	**buntes Wurzelgemüse**
Avocados	**gekochte Eier**
Radicchio	**Rucola oder Pflücksalate**

Mit Toppings durchs Jahr

Geröstete Nüsse und Kerne, ein Klecks cremige Mayonnaise oder würziger Panko-Crunch: Toppings machen gutes Essen noch besser. Diese Grundrezepte eignen sich hervorragend für die Vorratsherstellung, denn sie müssen nicht für jedes Gericht neu zubereitet werden – im Kühlschrank bzw. in einer luftdicht verschlossenen Dose halten sie sich einige Tage bis zu 2 Wochen.

Panko-Crunch

FÜR 100 G

100 g Panko (grobe Semmelbrösel, selbst gemacht aus altem Weißbrot ohne Rinde) mit **4 EL Olivenöl** sowie **½ TL Salz** vermengen. In einer großen, beschichteten Pfanne langsam erhitzen, bis die Brotkrumen schön goldbraun und kross sind. Das langsame Rösten kann durchaus 10 Minuten dauern. Die Brotkrumen sollen nicht zu trocken, sondern von einem leicht feuchten Ölfilm umhüllt sein. Gern noch etwas mehr Olivenöl zugeben, wenn nötig. Den Crunch abkühlen lassen und in einer luftdicht verschlossenen Box aufbewahren. Dort hält er 1–2 Wochen.

VARIANTEN: Mit dem Salz zum Basisrezept geben: Currypulver; geräuchertes Paprikapulver und Paprikapulver edelsüß; Thymian und Oregano (frisch oder getrocknet)

ALTERNATIVEN FÜR OLIVENÖL: Kräuteröl, Chiliöl, Hühnerfett vom Braten

PROBIER'S MIT: Salaten (einfach unterheben), Suppen (Petersilienwurzelsuppe mit Apfel und Walnuss-Crunch, S. 175), Pastagerichten, als Topping für Ofengemüse (z. B. Fenchelsalat aus dem Ofen mit Hähnchen und Curry-Knusper, S. 89)

Geröstete Nüsse und Kerne

FÜR 100 G

100 g Nüsse oder Kerne in einer Schale gründlich mit **1 TL Ahornsirup** und **2 Prisen Salz** oder gern auch **Rauchsalz** (kräftiger, tiefer Geschmack) vermengen. Die Kerne auf einem mit Backpapier belegten Blech verteilen, sodass sie nicht übereinanderliegen. Im vorgeheizten Backofen bei 175 °C (Umluft) auf mittlerer Schiene (nicht oben!) 7–10 Minuten rösten, bis die Kerne leicht Farbe angenommen haben. Direkt aus dem Ofen nehmen und auskühlen lassen. Luftdicht verpackt halten sich die gerösteten, salzig-süßen Kerne gut 2 Wochen frisch.

PRAKTISCH: Läuft der Ofen ohnehin gerade für ein anderes Rezept, lassen sich die Kerne bequem parallel auf der unteren Schiene mitrösten. Die Temperatur darf dabei durchaus leicht variieren: Heizt der Ofen nur auf 160 oder 165 °C, brauchen die Kerne einfach 1–3 Minuten länger. Unbedingt zwischendurch den Röstgrad prüfen, damit die Kerne nicht zu dunkel werden.

ÜBRIGENS: Klein gehackte Nüsse rösten schneller als ganze – auch hier bitte je nach verwendeter Sorte den Röstgrad im Ofen beobachten.

PROBIER'S MIT: Salaten, Suppen, Ofengemüse, Pastagerichten, pur zum Snacken, für die Lunchbox, fürs Büro oder Picknick

Gewürznüsse

Nüsse oder Kerne wie links beschrieben vorbereiten und zusätzlich mit **1 Prise gemahlenen, angestoßenen oder gemörserten Gewürzen nach Wahl** würzen. Besonders lecker sind folgende Kombis:

Erdnusskerne mit Curry

Cashewkerne mit edelsüßem und geräuchertem Paprikapulver

Kürbiskerne mit Ras el Hanout

Kürbiskerne mit Curry

Walnüsse mit Baharat

Vegane Mayonnaise

Ein großer Vorteil von selbst gemachter Mayonnaise: Man weiß genau, was drin ist. Verwendet man als Basis das Wasser aus einem Glas Kichererbsen (Aquafaba), ist die Mayo sogar vegan. Und keine Sorge – die Kichererbsenbasis schmeckt man nicht heraus!

FÜR 300 G

50 g zimmerwarmes Kichererbsenwasser in ein schmales, hohes Gefäß gießen. Einen Pürierstab hineinhalten und nach und nach **250 ml Rapsöl** (oder eine andere Ölsorte nach Wahl) einlaufen lassen. Dabei den Pürierstab die ganze Zeit laufen lassen, bis sich die Flüssigkeiten nach 1–2 Minuten verbinden und die Mayonnaise fest wird. Mit **Salz, Säure (z. B. Zitronensaft)** und **Senf** nach Wunsch abschmecken.

PROBIER'S MIT: Sandwiches, Burgern oder Mie-Nudeln mit Pilzen und Sesam (S. 56), dann mit Miso- oder Sesam-Chili-Mayo

Gewürz-Mayo

Die selbst gemachte Mayonnaise ist eine tolle Grundlage für vielfältige Gewürzmayonnaisen. Hier einige Anregungen, wie sich das schlichte Basis-Mayo-Rezept verfeinern lässt. Die Mengenangaben gelten als Orientierung und können nach Geschmack angepasst werden.

Miso-Mayo: 1 TL helle Misopaste, 1 TL Sojasauce, 1 TL Sesamöl, 1 TL Ahornsirup

Miso-Orangen-Mayo: 1 TL helle Misopaste, 1 TL Sojasauce, 1 TL Sesamöl, 1 TL Ahornsirup, 1 Msp. Bio-Orangenabrieb, 1 TL Orangensaft

Sesam-Chili-Mayo: 1 TL Sesamöl, 1–2 TL Chilisauce (z. B. Sriracha), 1 TL Honig oder Ahornsirup

Chili-Mayo: 2–3 TL Chilisauce, ½ TL Ahornsirup

Rauchpaprika-Mayo: 2 Msp. geräuchertes Paprikapulver, ½ TL Ahornsirup

Harissa-Mayo: 2 TL Harissapaste, 1 TL Ahornsirup

Curry-Mayo: 2 Msp. Currypulver, ½ TL Ahornsirup

Austernpilz-Döner mit würziger Kebab-Marinade

Austernpilze sind ein spektakulärer Fund, wenn man auf der Suche nach einem Gemüse ist, dessen Konsistenz der von Fleisch möglichst nahekommt. Dieser Pilz-Döner ist jedoch keine Kopie des Originals, sondern eine eigene, wunderbar würzige und natürliche Gemüse-Variante – große Nachkoch-Empfehlung!

FÜR 4 PORTIONEN

Füllung
250 g Rotkohl
2 Frühlingszwiebeln
4 EL Olivenöl
Salz
500 g frische Austernpilze

Joghurt-Knoblauch-Sauce
1 große Knoblauchzehe
400 g griechischer Joghurt
½ TL Salz
1 TL Zitronensaft
½ TL Ahornsirup

Kebab-Marinade
2 Knoblauchzehen
4 EL Olivenöl
1 TL gemahlener Kreuzkümmel
1 TL Baharat-Gewürzmischung
2 TL Paprikapulver edelsüß
1 EL Ahornsirup
Salz

Außerdem
4 kleine Fladen- oder Pitabrote

Den Rotkohl für die Füllung waschen, in sehr feine Streifen schneiden und in eine Schale geben. Die Frühlingszwiebeln waschen, die Wurzelenden entfernen und die Stangen schräg in feine Ringe schneiden. Beides mit 2 EL Öl und etwas Salz verkneten. Beiseitestellen.

Für die Joghurt-Knoblauch-Sauce den Knoblauch schälen und reiben. Mit allen anderen Zutaten verrühren und abschmecken. Ebenfalls beiseitestellen.

Die Austernpilze putzen und nach Wunsch in kleinere Stücke zupfen. Für den typischen Kebab-Charakter sollten die Stücke allerdings nicht zu klein sein. Für die Marinade den Knoblauch schälen und reiben. Mit den übrigen Marinade-Zutaten verrühren und abschmecken.

2 EL Olivenöl in einer beschichteten Pfanne erhitzen und die Pilze darin 8–10 Minuten von allen Seiten kross braten, anschließend salzen. Drei Viertel der Marinade zugeben und unterrühren. Vorsichtig weiterbraten und die Pilze leicht karamellisieren lassen, dabei darauf achten, dass sie nicht anbrennen.

Die Brote aufschneiden, sodass Döner-Taschen entstehen. Bei Bedarf vorher im Ofen auftoasten. Die Brote innen dünn mit Joghurtsauce ausstreichen, dann mit Salat und warmem Pilz-Kebab füllen. Mit weiterer Joghurtsauce sowie etwas übriger Marinade beträufeln und servieren.

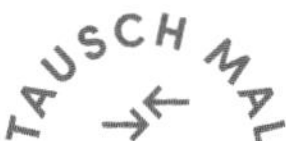

Austernpilze	**Auberginenwürfel, Kräuterseitlinge, Champignons, Shiitakepilze oder Paprikastreifen**
Rotkohl	**Spitz- oder Weißkohl**
Frühlingszwiebeln	**½ rote Zwiebel**

Okonomiyaki – japanische Kohl-Pfannkuchen

Okonomiyaki sind japanisch inspirierte Pfannkuchen, die mit viel frischem Gemüse gespickt sind. Mit in die Pfanne darf alles, was gerade Saison und keine lange Garzeit hat – oder besonders dünn geschnitten wird. Weißkohl ist geradezu perfekt für Okonomiyaki.

FÜR 4 PORTIONEN

Gemüse-Pfannkuchen
4 Eier
300 ml Milch
4 EL Sojasauce
1 EL Ahornsirup
1 EL Reisessig
1 EL Sesamöl, plus 4 EL zum Braten
300 g Mehl Type 405
2 TL Backpulver
250 g dünne Weißkohlblätter
2 Karotten
2 Frühlingszwiebeln
Salz
frisch gemahlener schwarzer Pfeffer

Miso-Mayonnaise
1 TL helle Misopaste
1 TL Sojasauce
1 TL geröstetes Sesamöl
1 TL Ahornsirup
125 g Mayonnaise (S. 47)
1 guter Spritzer Zitronensaft oder Reisessig

Weißkohl-Topping (optional)
250 g frische grüne Weißkohlblätter
½ TL Salz
2 EL Rapskernöl

In einer Schüssel Eier und Milch verquirlen und mit Sojasauce, Ahornsirup, Reisessig und 1 EL Sesamöl verfeinern. Mehl und Backpulver in einer Schüssel vermischen, dann kurz unter den Eier-Mix rühren. Den Pfannkuchenteig abgedeckt etwa 30 Minuten ruhen lassen, so wird er nach dem Backen schön locker.

Währenddessen für die Mayonnaise die Misopaste mit Sojasauce, Sesamöl und Ahornsirup glatt rühren, dann mit der Mayonnaise und dem Zitronensaft bzw. Reisessig vermengen und abschmecken.

Das Gemüse waschen, den Weißkohl in feinste Streifen schneiden, die Karotten schälen und in Julienne hobeln. Die Frühlingszwiebeln von den Wurzelenden befreien und schräg in feine Ringe schneiden. Das Gemüse in einer Schüssel vermengen.

Den Pfannkuchenteig über das Gemüse gießen, alles gut vermischen und mit Salz und Pfeffer abschmecken.

Das Öl portionsweise in einer beschichteten Pfanne erhitzen. Den Gemüseteig kellenweise in die Pfanne geben und daraus bei schwacher Hitze in jeweils 8–10 Minuten Pfannkuchen backen. Die fertigen Pfannkuchen bis zum Servieren bei etwa 70 °C im Ofen warm halten.

Die warmen Gemüse-Pfannkuchen mit Miso-Mayonnaise servieren.

Wer Lust auf ein knackiges Topping dazu hat: Weißkohlblätter fein schneiden und mit Salz und Rapskernöl durchkneten. Auf den Pfannkuchen anrichten.

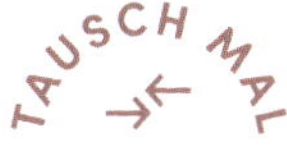

Weißkohl	Spitz- oder Chinakohl
Karotten	Pastinaken, Petersilienwurzeln, grüner Spargel, Urkarotten oder Paprikaschoten

03
März

Gelbe Bete mit Ziegenfrischkäse und Birne

Noch vor wenigen Jahren hat man die saftige gelbe Knolle vergebens in Gemüsekisten gesucht – inzwischen macht sie ihrer roten Verwandten mächtig Konkurrenz. Das Gute: Sie kann nahezu ganzjährig geerntet werden, ist gut lagerfähig und damit vor allem in der mauen Erntezeit zum Winterende ein Gewinn. Wer diese Gemüse-Bowl noch durch eine Sattmacher-Komponente ergänzen möchte, kocht Quinoa oder Couscous dazu, gern mit einer Prise Curry.

FÜR 4 PORTIONEN ALS VORSPEISE

1 kg grobes Meersalz (für das Salzbett)
8–10 kleine bis mittelgroße Gelbe Bete (insgesamt ca. 1 kg)
2 reife Birnen
1 kleine rote Zwiebel
200 g milder Ziegenfrischkäse

Karamellisierte Walnusskerne
60 g Walnusskerne
½ TL Ahornsirup
1 Prise Rauchsalz oder Salz

Orangen-Senf-Vinaigrette
4 EL Olivenöl
1 EL Zitronensaft
1 EL Weißweinessig
1 TL Ahornsirup
1 TL körniger Senf
Saft von ½ Orange (2–3 EL)
frisch gemahlener schwarzer Pfeffer

Den Ofen auf 185 °C vorheizen.

Das Salz auf einem Backblech ausstreuen. Die Bete-Knollen waschen, trocknen und auf dem Blech verteilen. Im heißen Backofen 75–90 Minuten (je nach gewünschter Konsistenz) garen. Alternativ die Bete mit Schale etwa 30 Minuten in kochendem Salzwasser garen. Bei der Ofenvariante auf Salz entwickelt die gegarte Bete allerdings ein deutlich intensiveres Aroma.

Die Knollen leicht abkühlen lassen, dann die Haut abziehen. Das Salz kann in einen Beutel oder in eine Box umgefüllt und wiederverwendet werden.

Für die karamellisierten Nüsse die Walnusskerne in einer kleinen Schüssel gründlich mit dem Ahornsirup und dem Rauchsalz vermengen und auf ein mit Backpapier belegtes Blech geben. Etwa 8 Minuten goldbraun rösten, zwischendurch prüfen, ob die Kerne nicht zu dunkel werden. Dann abkühlen lassen und grob hacken.

Die Birnen waschen, entkernen und in dünne Spalten schneiden. Die lauwarmen Bete-Kugeln achteln. Die Zwiebel schälen und in sehr feine Streifen schneiden. Betestücke, Birnenspalten und Zwiebelspalten locker vermengen.

Alle Zutaten für die Vinaigrette gründlich verquirlen und abschmecken, dann mit dem Bete-Birnen-Mix vermengen. Die Walnusskerne unterheben und den Ziegenfrischkäse in Nocken darüberstreuen. Sofort servieren.

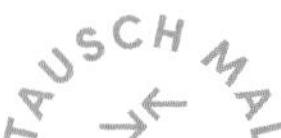

Gelbe Bete	**Rote Bete oder lauwarme Fenchel-Wedges (200 °C, 50-60 Min. im Ofen, gemixt mit Olivenöl und etwas Salz)**
Birne	**Orangen, Nektarinen oder Pfirsiche**

Mie-Nudeln mit Pilzen und Sesam

Pilze sind echte Geschmacks-Joker in der pflanzlichen Küche! In der Pfanne angebraten zeigen sie ihr ganzes Potenzial und werden zu wahren Umami-Bomben. Diese Nudelpfanne kann außerdem mit verschiedensten, auch kleineren Gemüseresten aus dem Vorrat variiert und ergänzt werden. Dazu passt außerdem wunderbar ein Klecks selbst gemachte Miso-, Sesam- oder Chili-Mayo (S. 47)!

FÜR 4 PORTIONEN

Pilz-Nudel-Pfanne
500 g Champignons
250 g Shiitakepilze
200 g Karotten
2 EL geröstetes Sesamöl
6 EL Sojasauce
1–2 EL Ahornsirup
2 EL Limetten- oder Zitronensaft
3 EL Sesam
400 g Mie-Nudeln
Salz

Topping
3 Frühlingszwiebeln
4 EL Koriander
1 milde rote Peperoni

Die Pilze putzen und die unteren Teile der Stiele entfernen. Die Champignons vierteln, die Shiitake wahlweise im Ganzen verwenden oder größere Exemplare halbieren oder vierteln.

Die Karotten waschen, schälen und mithilfe eines Julienneschneiders in feine Julienne hobeln. Das Sesamöl in einer großen beschichten Pfanne erhitzen und die Pilze darin bei starker Hitze rundherum 3 Minuten braten. Die Sojasauce angießen und zusammen mit der Pilzflüssigkeit einköcheln lassen, sodass die Pilze wieder anfangen zu braten. Die Karottenjulienne unterheben, kurz miterwärmen und das Gemüse mit Ahornsirup und Limettensaft abschmecken. Den Sesam unterheben.

Die Mie-Nudeln nach Packungsanweisung in gesalzenem Wasser zubereiten, dann abgießen und mit den Pilzen vermengen.

Für das Topping die Frühlingszwiebeln waschen, die Wurzelenden entfernen und die Zwiebeln schräg in Ringe schneiden. Den Koriander waschen, trocken schütteln und grob hacken. Die Peperoni waschen und in Ringe schneiden.

Die warmen Pilz-Nudeln in Schalen anrichten und mit Koriander, Frühlingszwiebelringen und Peperoni bestreut servieren.

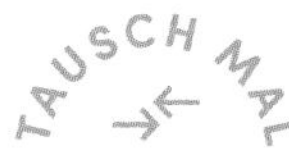

Shiitake	**Kräuterseitlinge, Champignons, Austernpilze oder andere Pilze nach Wahl**
Karotten	**Brokkoli, Paprika oder Zucchini**

Teriyaki-Pak-Choi mit Sushireis

Pak Choi kann man geschmacklich zwischen Mangold und Chinakohl einordnen. Die saftigen oberen Blätter lassen sich fein geschnitten als Salat servieren, der weiße Teil ist knackiger und verträgt gut ein paar Sekunden in der heißen Pfanne. Wer mag, ergänzt das Rezept durch gebratene Hähnchenstreifen. Zum Topping passt auch Koriander hervorragend.

FÜR 4 PORTIONEN

Sushireis
300 g Sushireis
3 EL Sushiessig (nach Wunsch)

Glasierter Pak Choi
4 Mini-Pak-Choi (ca. 600-800 g)
2 EL geröstetes Sesamöl
2 EL Butter
8 EL Teriyakisauce, plus mehr zum Servieren

Karotten-Sesam-Topping
3 bunte Karotten
3 Frühlingszwiebeln
1 rote Chili oder milde Peperoni
3 EL gerösteter Sesam
1 TL geröstetes Sesamöl
Salz

Den Sushireis nach Packungsangabe zubereiten und nach Wunsch mit etwas Sushiessig abschmecken. Warm halten.

Die Mini-Pak-Choi waschen, trocken tupfen und längs halbieren.

Das Öl in einer großen beschichteten Pfanne erhitzen. Den Pak Choi auf den Schnittflächen bei mittlerer Hitze jeweils 4–5 Minuten braten, bis er etwas Farbe bekommt, dabei leicht salzen. Er darf gern etwas Biss behalten. Den Pak Choi wenden, die Butter in die Pfanne geben und kurz aufschäumen lassen. Die Teriyakisauce hinzugeben und die Schnittflächen des Pak Choi mit der Teriyaki-Butter glasieren und leicht karamellisieren lassen. Dabei darauf achten, dass die zuckerhaltige Sauce nicht anbrennt.

Für das Topping die Karotten schälen und in feine Julienne hobeln. Die Frühlingszwiebeln waschen, die Wurzelenden entfernen und die Stangen schräg in feine Ringe schneiden. Die Chili oder Peperoni waschen und ebenfalls in feine Ringe schneiden. Karottenstreifen, Frühlingszwiebelringe, Chili und Sesam vermengen und mit geröstetem Sesamöl und etwas Salz marinieren.

Den warmen Sushireis mit dem glasierten Pak Choi, dem Karotten-Sesam-Topping und nach Wunsch etwas zusätzlicher Teriyakisauce anrichten und direkt servieren.

TAUSCH MAL

Pak Choi	Brokkoli, Blumenkohl, Fenchel, Grün- oder Spitzkohl, Puntarelle

Pastinakencreme mit geröstetem Wurzelgemüse

Kaum ein Gemüse kommt mit so viel Eigensüße daher wie die Pastinake. Das fruchtig-säuerliche Dressing mit Orange, Curry und Senf ist da ein perfekter und würziger Gegenspieler! Davon am besten gleich die doppelte Menge mixen, denn die Sauce eignet sich auch perfekt für Blatt- oder Gemüsesalate. Wer mag, ergänzt dieses köstliche Wurzelgemüsegericht mit gebratenem Fisch, Geflügel oder gedämpftem Couscous.

FÜR 4 PORTIONEN

Pastinakencreme
800 g Pastinaken
Salz
3 EL Olivenöl
300 ml Gemüsebrühe
3 EL Butter
1 EL Zitronensaft
2 Msp. Abrieb von 1 Bio-Zitrone

Geröstetes Ofengemüse
800 g gemischtes Wurzelgemüse (z. B. Rote Bete, Gelbe Bete, Karotten, Pastinaken, Petersilienwurzeln) und Süßkartoffeln
3 EL Olivenöl
1 Mini-Pak-Choi (ca. 100 g)

Orangen-Curry-Dressing
4 EL Olivenöl
1 EL Zitronensaft
1 EL Weißweinessig
1 TL Ahornsirup
1 TL körniger Senf
Saft von ½ Orange (2–3 EL)
½ TL Currypulver

Den Ofen auf 200 °C vorheizen. Für die Pastinakencreme die Pastinaken schälen, grob würfeln und mit 1 TL Salz vermengen. Das Öl in einem großen Topf erhitzen und die Pastinakenwürfel darin 5 Minuten unter Rühren farblos anschwitzen. Die Gemüsebrühe angießen und die Pastinaken im halb geschlossenen Topf bei schwacher Hitze in etwa 20 Minuten sehr weich garen.

Inzwischen für das Ofengemüse die Wurzeln putzen und nur nach Bedarf schälen; dünne Bio-Schale muss nicht entfernt werden. Die Bete in Wedges, Karotten, Pastinaken oder Petersilienwurzeln in Stifte schneiden. Süßkartoffeln schälen und grob würfeln. Das Gemüse in einer großen Ofenform mit 1 TL Salz sowie Olivenöl vermengen und so verteilen, dass es nicht übereinanderliegt. 40 Minuten backen, zwischendurch einmal umrühren.

Die Pastinaken abgießen, sofern noch Kochwasser vorhanden ist, und dieses auffangen. Mit einem Pürierstab fein mixen und dafür wieder so viel Gemüsebrühe zugießen, dass eine cremig-weiche Konsistenz entsteht. Das Püree mit Butter, Zitronensaft sowie Zitronenabrieb abschmecken.

Für das Dressing alle Zutaten verrühren und mit Salz abschmecken. Den Pak Choi waschen und in einzelne Blättchen teilen.

Pastinakencreme, Ofengemüse und Pak-Choi-Blätter in Schalen anrichten, mit dem Dressing beträufeln und servieren.

TAUSCH MAL

Pastinaken	**Petersilienwurzeln, Knollensellerie oder Topinambur und Pastinaken (1:1)**
Pak Choi	**Chicorée, Fenchelgrün, Radicchio, Postelein oder Petersilie**

Pellkartoffeln mit buntem Frühlingsquark

Pellkartoffeln und Quark – einfacher geht's kaum. Und das Beste: Der Quark lässt sich ganz leicht immer wieder neu abschmecken. Zu dieser Variante mit Apfel, Frühlingszwiebeln und Radieschen passen gut auch frische Gurke oder Gewürzgurken aus dem Glas.

FÜR 4 PORTIONEN

1,5 kg festkochende Kartoffeln (z. B. Drillinge)
Salz
3 Frühlingszwiebeln
150 g Radieschen (1 Bund)
1 süßsäuerlicher Apfel (z. B. Topaz)
400 g Sahnequark
2 TL grobkörniger Senf
1–2 TL Apfelessig
frisch gemahlener schwarzer Pfeffer
Meersalzflocken zum Servieren

Die Kartoffeln gründlich waschen, abbürsten und in reichlich Salzwasser garen. Abgießen und gut ausdampfen lassen.

Für den Quark die Frühlingszwiebeln waschen, die Wurzelenden entfernen und die Zwiebeln leicht schräg in feine Ringe schneiden. Die Radieschen waschen, putzen und grob raspeln. Den Apfel waschen, entkernen und ebenfalls grob raspeln. Frühlingszwiebelringe, Apfel und Radieschen in einer Schüssel mit dem Quark vermengen und mit Senf, Apfelessig, Salz und Pfeffer abschmecken.

Die Pellkartoffeln mit dem Quark und etwas Meersalzflocken servieren.

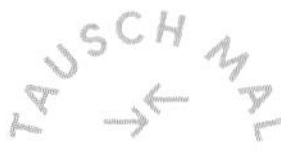

Radieschen	**Gurke, Gewürzgurke oder Meerrettich (1 TL)**
Pellkartoffeln	**Süßkartoffeln aus dem Ofen (S. 150) oder Wurzelgemüse aus dem Ofen (S. 62)**

Es ist Stielmus-Saison!

Im Frühjahr taucht Stielmus (auch Rübstiel oder Stängelkohl genannt) in den Gemüsekisten auf. Wichtig: Stielmus lässt schnell die Blätter hängen, also am besten rasch verarbeiten. Dafür gibt es zahlreiche Möglichkeiten. Das Gemüse kann z. B. einfach 2–3 Minuten in der Pfanne gedünstet, gesalzen und dann unter Kartoffelstampf gehoben werden (typisch für die westfälische Küche).

Als warmes Pfannengemüse macht es sich gut mit Kartoffeln, fein geschnittenen Karottenstreifen und einer schnellen **Orangen-Vinaigrette** (S. 107). Prinzipiell lässt sich Stielmus ähnlich wie Mangold und Spinat verarbeiten. Daher passen auch die Rezepte für den **selbst gemachten Rahmspinat** (S. 86) und die **Pasta mit Pfannen-Mangold und Salsiccia** (S. 104) perfekt als Stielmus-Variante.

Schicke Vorspeise für Gäste: Gemüse-Carpaccio

Gelbe Bete ist ein echtes Allround-Talent, wenn es um die kreative Gemüseküche geht! Eine Idee für besondere Anlässe: Das Rezept für die auf Salz gegarte **Gelbe Bete mit Ziegenfrischkäse und Birne** (S. 54) **lässt sich auch als edles Gemüse-Carpaccio anrichten. Die gegarten Knollen dafür einfach hauchdünn aufschneiden und auf Tellern anrichten.** Die Birnen in diesem Fall auch hauchdünn schneiden. Ein Gemüse-Carpaccio lässt sich genauso aus Roter Bete, Ringelbete, kleinen Kohlrabiknollen (im Ganzen in Salzwasser bissfest gekocht), Mairübchen (gerne fein hobeln und roh verwenden) oder reifen Sommertomaten (waagerecht aufschneiden) zubereiten. Dazu passt perfekt das **Orangen-Curry-Dressing** (S. 62) oder die **Orangen-Senf-Vinaigrette** (S. 54).

Pak Choi: aus groß mach klein

Chinesischen Senfkohl gibt es in kleineren und größeren Varianten. Wer nur großen bekommt, aber gerne kleinen hätte (weil er halbiert im Ganzen serviert einfach schöner aussieht), sollte folgenden Trick kennen: Die äußeren Blätter großzügig abtrennen und fein geschnitten für eine schnelle Gemüsepfanne verwenden. Was übrig bleibt, ist im wahrsten Sinne das Herzstück des Pak Choi: der Mini-Pak-Choi im großen Pak Choi. Dieser Teil des Kohls schmeckt tatsächlich am besten und lässt sich als Alternative zu Kräutern auch gut als knackiges Topping für Gemüsegerichte **(Pastinakencreme mit geröstetem Wurzelgemüse, S. 62)** verwenden.

NO-WASTE-TIPP:

Radieschen-grün nutzen

Das Grün von Radieschen lässt sich sehr gut **zu einem schnellen Pesto mit Rapsöl, Kürbiskernen und Parmesan** verarbeiten. Falls nicht genügend Grün da ist, gern mit Kopfsalatblättern, Spinat und Kräutern auffüllen. Außerdem lassen sich schöne Radieschenblätter wie frischer Salat anrichten: Wahlweise einfach in der Salatschüssel mit weiteren Blattsalaten und Gemüsestücken mischen oder eine kleine Menge fein schneiden, mit etwas Öl, Zitrone und Salz abschmecken und als Kräuter-Topping verwenden.

Was tun mit all dem duftenden Bärlauch?

Die Bärlauchsaison startet im März und geht bis Ende April. **Das knoblauchig duftende Kraut ist die ideale Grundlage für ein würziges Pesto**, mit dem sich der Bärlauch auch gleich haltbar machen lässt. Wem ein pures Bärlauchpesto zu kräftig schmeckt, streckt mit Kopfsalat oder Spinat. Für ein Pesto, das für den Vorrat bestimmt ist, aus Haltbarkeitsgründen am besten auf Parmesan verzichten und dafür ein veganes Kräuter-Öl-Pesto mit Nüssen oder Kernen zubereiten. Der Käse kann dann nach Bedarf vor dem Servieren frisch dazugegeben werden. **Weitere Pestotipps auf S. 82/83.**

04

April

Gebratener Rhabarber mit Quinoa, Rucola und Hirtenkäse

Rhabarber ist zu sauer?! Nicht unbedingt! Es stimmt, er braucht Süße als Gegenpart, lässt sich dann aber sehr spannend und vielfältig zubereiten – sogar in der herzhaften Küche. Eine tolle Ergänzung für das Rhabarber-Gemüse sind kleine Kirschtomaten, rote Zwiebelstreifen und feine Gurkenwürfel.

FÜR 4 PORTIONEN

300 g Quinoa
Salz

Topping
60 g Walnusskerne
100 g Rucola
250 g cremiger Hirtenkäse aus Kuhmilch oder Feta

Gebratener Rhabarber
600 g Rhabarber
3 EL Olivenöl
Salz
1 EL Rote-Bete-Saft (für die Farbe)
3–4 EL Ahornsirup
3 Msp. gemahlener Kreuzkümmel oder Ras el Hanout
frisch gemahlener schwarzer Pfeffer

Quinoa nach Packungsanweisung in gut gesalzenem Wasser aufkochen und quellen lassen.

Die Walnusskerne für das Topping in einer beschichteten Pfanne ohne zusätzliches Fett rösten, dann abkühlen lassen und grob hacken. Den Rucola waschen und trocken tupfen.

Den Rhabarber waschen, schälen und schräg in etwa 2 cm lange Stücke schneiden. Das Olivenöl in einer beschichteten Pfanne erhitzen und die Rhabarberstücke darin bei mittlerer Hitze rundherum 1 Minute braten, dabei darauf achten, dass sie nicht zu weich werden. Salzen, Rote-Bete-Saft sowie Ahornsirup zugeben, unterrühren und die Rhabarberstücke karamellisieren lassen. Mit Kreuzkümmel und Pfeffer abschmecken.

Zum Anrichten Quinoa, gebratenen Rhabarber und Rucola auf Schüsseln verteilen. Den Hirtenkäse darüberbröseln und die Bowls mit den gerösteten Walnusskernen bestreut servieren.

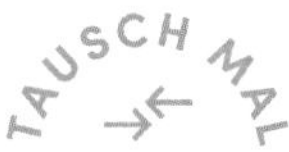

Rhabarber	Spargel (ohne Rote-Bete-Saft, nur mit ½ TL Ahornsirup)
Rucola	Brunnenkresse, Pak Choi, Postelein oder Portulak

Grüner Spargel mit Burrata und Bärlauchpesto

Dieses schlichte Rezept erinnert an Tomate-Mozzarella – kommt aber viel cremiger und in einer lauwarmen Frühlingsvariante daher. Burrata schmeckt ähnlich wie Mozzarella, ist aber sahnig-cremig gefüllt. Dazu kommt knackiger grüner Spargel, in der Pfanne gebraten und leicht karamellisiert. Fehlen nur noch ein Klecks Bärlauchpesto-Vinaigrette und frisches Brot ...

FÜR 4 PORTIONEN

800 g grüner Spargel
3 EL Olivenöl
1 TL Salz
1 TL Ahornsirup
400 g Burrata (4 Kugeln)

Bärlauchpesto-Vinaigrette
4–6 EL Bärlauchpesto (S. 83)
2 EL Olivenöl
2 Spritzer Zitronensaft
2 Msp. Abrieb von 1 Bio-Zitrone

Den grünen Spargel waschen, wenn nötig im unteren Drittel schälen und die holzigen Enden entfernen.

In einer großen beschichteten Pfanne das Olivenöl erhitzen und den Spargel darin bei mittlerer Hitze rundum braten. Salzen, den Ahornsirup zugeben und den Spargel leicht karamellisieren. Die Stangen je nach Dicke zwischen 6–8 Minuten braten, bis sie gar, aber noch leicht bissfest sind.

Für die Vinaigrette das Pesto mit Olivenöl, Zitronensaft und Zitronenabrieb glatt rühren. Den pfannenwarmen Spargel mit der Burrata und der Vinaigrette beträufelt anrichten. Mit frischem Röstbrot servieren.

TAUSCH MAL

grüner Spargel	**weißer Spargel, Zucchini, Fenchel, Bundkarotten oder Tomaten**
Bärlauchpesto	**Basilikumpesto oder grünes Pesto nach Wahl (S. 83)**

Spargel: gerne mal roh probieren!

Auf kein anderes Gemüse fiebern wir wohl jedes Jahr wieder so voller Vorfreude hin ...! Und in der Regel kennen wir Spargel gekocht, gebraten oder gedünstet – in jedem Fall aber warm zubereitet. **Ein spannender Versuch, der sich lohnt: weißen oder grünen Spargel einmal roh zubereiten.** Dafür eignen sich vor allem einzelne Stangen, die übrig geblieben sind. Dafür den Spargel schälen, längs mit dem Sparschäler dünn hobeln und mit etwas Öl, Salz und Zitronensaft marinieren, dadurch werden die Spargelhobel etwas weicher. Die Spargelhobel können dann mit einem Blattsalat oder auch mit Tomaten-Mozzarella kombiniert werden und bringen wunderschöne nussige Noten auf den Teller.

Die ersten regionalen Kräuter sind da!

Mit **Schnittlauch** und **Bärlauch** fängt das regionale Kräuterjahr an. Je nach Witterung startet die Ernte im März oder April. Während Bärlauch nur kurz zur Verfügung steht, dauert die Schnittlauchsaison bis in den Herbst. Beides eignet sich wunderbar für **Pesto, selbst gemixte Kräuterbutter oder einen Quark- oder Frischkäsedip** (S. 83). Auch im schnellen Feierabendsalat ist meist noch Platz für würzige Schnittlauchröllchen oder fein gehackten Bärlauch.

Rhabarber: auch für die herzhafte Küche

Jetzt wird's sauer – denn Rhabarber gibt's ab April in Hülle und Fülle. Wer neben Kuchen, Törtchen, Muffins und Chutney mal Lust auf ein herzhaftes Gemüsegericht mit frischem Rhabarber hat, der sollte unbedingt den **Gebratenen Rhabarber mit Quinoa, Rucola und Hirtenkäse (S. 70)** ausprobieren.

Spezial-Tipp: Fetter, cremiger Käse ist ein perfekter Partner für das saure Gemüse – er puffert die Säure und die ergänzte Süße wunderbar ab.

NO-WASTE-TIPP:

Schlappe Salatblätter ins Pesto

Kopfsalat ist nicht besonders stabil, und auch andere Salate lassen ihre äußeren Blätter schnell hängen. Aber deswegen gehören sie noch lange nicht in die Tonne! Lieber waschen und kurz in Eiswasser legen, dadurch werden sie wieder knackiger. Außerdem lassen sich äußere Salatblätter wunderbar als Füllstoff für **grüne Pestos** (S. 83) nutzen. Bärlauch zum Beispiel ist so kräftig, dass er in einem Pesto oder Würzöl gut etwas milden Salat neben sich verträgt.

REZEPT-TIPP:

Rhabarber-Antipasti

FÜR 4 PORTIONEN

300 g Rhabarber in 2 cm großen Stücken mit einer Marinade aus **3 EL Olivenöl, 3 EL Ahornsirup, etwas Chili, 1 klein gehackten Schalotte, 1 gepressten Knoblauchzehe** und **etwas Salz** vermengen und im Ofen bei 170 °C (Umluft) rund 20 Minuten rösten, zwischendurch einmal umrühren. **2 Handvoll süße Kirschtomaten** halbieren und nach dem Backen unterheben. Mit **viel frischem Basilikum** (oder Rucola), **Olivenöl** und cremiger **Burrata** anrichten.

Risotto mit weißem Spargel und Brunnenkresse

Ein cremiger Risotto ist die perfekte Resteverwertung während der Spargelsaison, wenn ein paar Stangen übrig sind. Wenn du von einem anderen Spargelgericht etwas Spargelbrühe aufgehoben hast, kannst du sie statt der Gemüsebrühe verwenden. Durch die Spargelbrühe bekommt der Risotto besonders viel Geschmack und die feinen Spargelstücke werden einfach am Ende der Garzeit untergehoben.

FÜR 4 PORTIONEN

3 kleine Schalotten
3 EL Olivenöl
400 g Risottoreis
150 ml Weißwein
800 ml Gemüsebrühe,
plus mehr nach Bedarf
500 g weißer Spargel
4 Stängel Brunnenkresse
100 g Parmesan, frisch gehobelt,
plus mehr zum Servieren
2 gehäufte EL Butter
Salz
Saft und Abrieb von 1 Bio-Zitrone
nach Bedarf zum Abschmecken

Die Schalotten schälen und fein würfeln. Das Öl in einem großen Topf erhitzen und die Schalottenwürfel darin unter Rühren bei schwacher Hitze 5 Minuten glasig anschwitzen, ohne dass sie Farbe annehmen.

Den Reis zugeben, alles gut vermengen und den Reis so lange mit den Schalotten dünsten, bis er anfängt, leicht durchsichtig zu werden. Dann den Weißwein angießen und langsam offen einköcheln lassen. Die Gemüsebrühe in zwei Schritten zugeben und jeweils ebenfalls einköcheln lassen.

Währenddessen den Spargel schälen und in kleine Stücke von maximal 1 cm Dicke schneiden. Die Brunnenkresse waschen, trocken tupfen und die Blätter von den Stängeln zupfen.

Nach 20–25 Minuten, wenn der Reis die gewünschte Konsistenz erreicht hat, die Spargelstücke zusammen mit dem Parmesan unterheben und etwa 2 Minuten im Risotto gar ziehen lassen.

Den Risotto mit Butter, Salz, Zitronensaft sowie Zitronenabrieb abschmecken und mit etwas gehobeltem Parmesan und Brunnenkresse bestreut servieren.

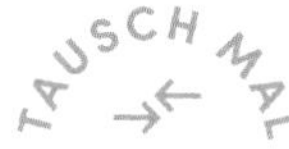

weißer Spargel	**grüner Spargel, Mairübchen, Kohlrabi oder Schwarzwurzeln**
Brunnenkresse	**Portulak, Fenchelgrün, Postelein oder Basilikum**

Penne mit karamellisiertem Speck, Tomaten und Rucola

Schneller geht's kaum: Nudeln kochen, Speck karamellisieren und beides mit frischem Rucola und ein paar eingelegten Tomaten aus dem Vorrat anrichten. Ach ja: Parmesan nicht vergessen! Wer mag, gibt noch einen Löffel cremigen Schmand auf die Pasta.

FÜR 4 PORTIONEN

200 g geräucherte Schinkenspeckwürfel
1 TL Ahornsirup
400 g Einkorn- oder Dinkelpenne
Salz
125 g eingelegte Tomaten, abgetropft
150 g Rucola
frisch gemahlener schwarzer Pfeffer
120 g Parmesan, frisch gehobelt

Die Speckwürfel in einer beschichteten Pfanne ohne Zugabe von weiterem Fett bei mittlerer Hitze auslassen und im eigenen Fett knusprig braten. Nach etwa 10 Minuten den Ahornsirup zugeben und die Speckwürfel vorsichtig karamellisieren lassen.

Die Penne in reichlich Salzwasser al dente garen. Die eingelegten Tomaten in Streifen schneiden. Den Rucola waschen und gut trocken schleudern.

Die Nudeln abgießen, dabei eine Tasse stärkehaltiges Nudelwasser auffangen. Die Nudeln mit dem Speck vermengen und nach Wunsch 2–3 EL Nudelwasser zugeben, wenn noch Flüssigkeit zum Verbinden der Zutaten fehlen sollte. Tomatenstreifen und Rucola unterheben, alles mit frisch gemahlenem schwarzem Pfeffer würzen und mit Parmesanhobeln bestreut servieren.

Rucola	**Radicchio, Baby-Spinat oder Mangold (1 Minute mit den Nudeln schwenken)**
eingelegte Tomaten	**200 g kleine, süße Kirschtomaten (geviertelt)**

Kopfsalatherzen mit Pesto, Ei und Speck-Crumble

Das Beste am Kopfsalat sind die Herzen im Innern – sie schmecken etwas süßlich und herrlich aromatisch. Diese Salat-Bowl eignet sich übrigens perfekt als besonderes Frühstück am Sonntag – quasi eine grüne Variante des Egg Benedict. Wer mag, verfeinert den Teller noch mit etwas Miso-Mayonnaise (S. 47).

FÜR 4 PORTIONEN

4 Kopfsalatherzen bzw. 4 kleine Kopfsalate
100 g Schinkenspeckwürfel
½ TL Ahornsirup
50 g Panko
4 Eier
6 EL grünes Pesto mit Kopfsalat und Kräutern (S. 83)

Die Kopfsalate von den äußeren Blättern befreien und diese für Pestos oder grüne Öle nutzen (S. 83). Die Salatherzen waschen, gut trocken tupfen und jeweils in eine Schale legen.

Für den Speck-Crumble die Schinkenspeckwürfel in einer beschichteten Pfanne ohne zusätzliches Fett auslassen und etwa 10 Minuten knusprig braten. Den Ahornsirup zugeben und die Würfel vorsichtig karamellisieren lassen. Die Pankobrösel zugeben, untermengen und einige Minuten knusprig braten.

In einem kleinen Topf Wasser zum Kochen bringen, die Eier hineingeben und in 5 ½–6 Minuten weich kochen. Dann abschrecken, vorsichtig pellen und längs halbieren.

Die halbierten Eier neben den Salat setzen und alles mit Pesto und warmem Knusper-Speck anrichten. Dazu passt frisches Brot, Röstbrot oder Fladenbrot.

TAUSCH MAL

Kopfsalat	Romana-, Endivien- oder Bataviasalat

Mit Kräutern durchs Jahr

Sie gehören zu den wichtigsten Küchen-Jokern rund ums Jahr und sind essenziell für die kreative Alltagsküche: frische Kräuter. Als Pesto, grünes Öl, würzige Butter oder cremiger Quark: Kräuter setzen vielen Gerichten das i-Tüpfelchen auf.

Kräuter haltbar machen

Einfrieren: Kräuter waschen, trocken tupfen, fein schneiden, in Eiswürfelbehälter geben und mit Olivenöl aufgießen. Die tiefgefrorenen Kräuteröl-Würfel lassen sich in Pastasaucen, Ragouts, Schmorgerichten oder Gemüsepfannen verwenden und liefern Öl sowie aromatische Kräuter in einem!

Trocknen: Die Kräuter waschen, trocken schütteln und zu kleinen Sträußen binden. Für 1–2 Wochen an einem luftigen, dunklen Ort aufhängen, bis sie vollständig getrocknet sind. Dann die Kräuter zerkleinern und in Dosen oder Gläsern verschlossen aufbewahren.

Kräuteröl (Rezept siehe rechte Seite): Innerhalb von 1 Woche verbrauchen oder portionsweise in Beuteln oder Eiswürfelbehältern einfrieren.

Pesto (Rezept siehe rechte Seite): Am besten innerhalb von 1 Woche verbrauchen, da Geschmack und Aroma nach kurzer Zeit nachlassen. Die Oberfläche immer mit Öl bedeckt halten und das Pesto stets mit einem sauberen Löffel entnehmen. Alternativ lässt Pesto sich ebenfalls in kleinen Portionen einfrieren. Auch hier eignen sich Eiswürfelbehälter optimal, sodass das Pesto in kleinen Mengen aufgetaut werden kann.

Trickkiste: Kräuteralternativen

Was tun, wenn gerade keine frischen Kräuter zur Hand sind? Kein Problem, einfach grünes Blattgemüse verwenden! Auch damit kann man Gerichten geschmacklich wie optisch das gewünschte i-Tüpfelchen verleihen. Gleichzeitig ist es eine tolle No-Waste-Idee für kleinere Blattgemüsereste.

Die knackigen inneren Blätter des **Pak Choi** ergeben fein geschnitten ein wunderbar frisches Topping (Pastinakencreme mit geröstetem Wurzelgemüse, S. 62).

Die dünnen Blätter von **Blumenkohl** können fein geschnitten mit etwas Olivenöl und Salz geknetet und mariniert werden. Dadurch werden die Blätter weich und schmecken wie frisches Kraut – eine wunderbare Beilage zu Gemüsegerichten (z. B. zum Gerösteten Blumenkohl mit Sommerfrüchten, S. 118), aber auch zu Fisch oder als Topping auf einem Thai-Curry.

Das Prinzip lässt sich auf **China-, Weiß-, Spitz-** sowie **Rotkohl** ausweiten: Die fein geschnittenen Blätter mit Öl und Salz marinieren und wie Krautsalat verwenden – wie zum Beispiel auf dem japanischen Gemüse-Pfannkuchen Okonomiyaki (S. 51).

Auch **Frühlingszwiebeln** oder **Lauchgrün** sind gute Kräuteralternativen: Fein geschnitten und kurz vor dem Servieren untergehoben, verleihen sie Gerichten etwas Knackig-Frisches und zugleich Würziges. Frühlingszwiebeln sind dabei die mildere Variante.

Grünes Pesto

FÜR 1 GLAS (CA. 350 G)

100 g grob gehackte frische Kräuter und/ oder Salate (z. B. Bärlauch, Basilikum, Rucola, Feldsalat, Spinat) mit **100 ml Pflanzenöl** (z. B. Raps-, Oliven- oder auch Kürbiskernöl), **50 g Kernen** (z. B. Pinienkernen, Kürbiskernen, Walnusskernen) sowie **50 g frisch geriebenem Parmesan** (alternativ Pecorino, Comté oder einem anderen kräftigen Käse) in ein hohes Mixgefäß geben. 1–2 Minuten mit dem Pürierstab pürieren. **1 grob gehackte Knoblauchzehe** zugeben und untermixen. Mit **½ TL Salz** abschmecken, in ein sterilisiertes Glas füllen und die Oberfläche mit Öl bedecken.

PROBIER'S MIT: Pasta, ofenfrischem Brot, buntem Ofengemüse (S. 170/171) oder als Vinaigrette (S. 72)

Grünes Kräuteröl

FÜR 1 FLASCHE (CA. 400 ML)

300 ml hochwertiges geschmacksneutrales Öl (z. B. Traubenkern- oder Rapsöl) in einen Mixer geben. **200 g grob gehackte frische Kräuter** (z. B. Basilikum, Petersilie, Koriander, Dill oder eine Mischung aus Kräuterresten und -stielen) hinzufügen und unter Wärmezufuhr (Zieltemperatur 70 °C) auf mittlerer Stufe 5–6 Minuten fein mixen. Das funktioniert am einfachsten mit einer Küchenmaschine mit Heizfunktion. Wer keine solche besitzt, erwärmt das Öl auf 70 °C (und prüft die Temperatur mit einem Küchenthermometer) und mixt die Kräuter dann mit einem Pürierstab in das warme Öl. So lange mixen, bis das Öl schön grün ist. Durch ein Sieb in eine Flasche gießen, nach Wunsch etwas salzen und im Kühlschrank aufbewahren.

PROBIER'S MIT: Suppen, Pasta, Fisch und Fleisch, Salaten oder Bowls

Kräuterquark

FÜR 4 PORTIONEN

250 g Quark in einer Schüssel glatt rühren. **50 g frisch gehackte Kräuter** (z. B. Schnittlauch, Petersilie, Dill, Fenchelgrün, Basilikum) sowie **1 fein geriebene Knoblauchzehe** unterrühren. Mit **1 TL Zitronensaft, 1 Msp. Bio-Zitronenabrieb, ¼ TL Ahornsirup, Salz** und **Pfeffer** abschmecken. Optional für mehr Würze **1 TL Olivenöl,** für eine cremig-seidige Konsistenz **1 EL Schmand** unterrühren.

Für einen selbst gemachten Kräuter-Frischkäse den Quark durch Frischkäse ersetzen.

PROBIER'S MIT: Pellkartoffeln (S. 65), Smashed Potatoes (S. 86) oder Okonomiyaki (S. 51)

Kräuterbutter

FÜR 300 G

50 g frische Kräuter nach Wunsch waschen, trocken schütteln und fein schneiden. **250 g weiche Butter** in der Küchenmaschine oder mit dem Schneebesen kräftig aufschlagen, dann die Kräuter untermischen. Mit **Salz** und **Pfeffer** abschmecken und nach Wunsch weitere Zutaten wie zum Beispiel **geriebenen Knoblauch, essbare Blüten, etwas Zitronen- oder Orangenabrieb oder Gewürze nach Geschmack** zugeben. Alternativ in Frischhaltefolie zur Rolle formen und für einige Tage im Kühlschrank aufbewahren.

PROBIER'S MIT: gegrilltem Fleisch oder Gemüse, gebratenem Fisch oder knusprigfrischem Brot

05

Mai

Rahmspinat mit Smashed Potatoes und Spiegelei

Hand aufs Herz: Rahmspinat kommt nicht selten aus der Tiefkühltruhe, oder? Es lohnt sich allerdings sehr, diese selbst gemachte Variante zu probieren. Tatsächlich dauert die Zubereitung kaum länger als die fertige TK-Version. Einzig das Waschen der Spinatblätter kommt hinzu.

FÜR 4 PORTIONEN

Smashed Potatoes
1 kg kleine festkochende Kartoffeln (z. B. Drillinge), gegart
3 EL Olivenöl
Salz

Rahmspinat
800 g frischer Spinat
3 Schalotten
3 Knoblauchzehen
3 EL Olivenöl
200 g Sahne
frisch gemahlener schwarzer Pfeffer

Spiegeleier
2 EL Sonnenblumenöl
4 Eier

Den Ofen auf 200 °C vorheizen und ein Blech mit Backpapier belegen. Die gekochten Kartoffeln mit Schale auf das Blech legen, mit 1 TL Salz und Olivenöl vermengen und mit dem Boden eines Topfes platt drücken. Im heißen Ofen 30 Minuten knusprig backen.

In der Zwischenzeit den Spinat mehrfach gründlich waschen, dann trocken schleudern. Schalotten und Knoblauch schälen, die Schalotten fein würfeln, den Knoblauch in dünne Scheiben schneiden. Das Öl in einem großen Topf erhitzen und die Schalottenwürfel und Knoblauchscheiben darin unter gelegentlichem Rühren bei mittlerer Hitze anbraten, sie dürfen gern leicht Farbe annehmen.

Die Spinatblätter kurz vor dem Servieren auf den Schalotten-Knoblauch-Mix geben, den Topf mit einem Deckel abdecken und den Spinat 60–90 Sekunden in der Wärme zusammenfallen lassen. Die Sahne angießen und kurz erwärmen. Den Rahmspinat kräftig mit Salz und Pfeffer abschmecken.

Für die Spiegeleier das Öl in einer beschichteten Pfanne auf mittlerer Stufe erhitzen, die Eier vorsichtig hineingleiten lassen und bei schwacher Hitze braten, am Ende salzen.

Die knusprigen Smashed Potatoes, den Rahmspinat und die Spiegeleier auf Tellern anrichten und sofort servieren.

Spinat	**Mangold oder Stielmus (erst Stiele 4–5 Minuten anbraten, dann Blätter zugeben)**

Fenchelsalat aus dem Ofen mit Hähnchen und Curry-Knusper

Dieser Salat schmeckt warm oder lauwarm direkt aus dem Ofen – oder man bereitet ihn für die Mittagspause oder fürs Picknick vor und isst ihn dann kalt. In diesem Fall den Curry-Knusper unbedingt separat verpacken und erst kurz vor dem Servieren über den Salat geben, damit er schön crunchy bleibt.

FÜR 4 PORTIONEN

Fenchelsalat und Hähnchen

8 Fenchelknollen mit Grün (ca. 600 g, die äußeren trockenen Segmente entfernt)
4 EL Olivenöl
2 EL Zitronensaft
1 EL Ahornsirup
Salz
4 Hähnchensteaks mit Haut (Keulen ohne Knochen); alternativ 4 Hähnchenbrustfilets mit Haut à ca. 175 g)
2 Frühlingszwiebeln
2 Handvoll Pflücksalat (optional)

Curry-Knusper

40 g Panko oder Semmelbrösel
½ TL Currypulver
Olivenöl nach Bedarf

Marinade

4 EL Olivenöl
3 EL Zitronensaft
2 EL Ahornsirup
1 TL Currypulver
Salz
6 Soft-Aprikosen, in Streifen

Backofen auf 200 °C vorheizen. Fenchelgrün abschneiden und beiseitestellen. Den Fenchel vierteln und in einer großen Ofenform mit Olivenöl, Zitronensaft, Ahornsirup und 1 TL Salz vermengen. Mit Alufolie abgedeckt im Ofen 1 Stunde backen. Nach 45 Minuten Folie entfernen, damit der Fenchel bräunt.

Währenddessen die Hähnchensteaks salzen und in einer großen beschichteten Pfanne bei mittlerer Temperatur auf der Hautseite 15–18 Minuten braten. Aus der Pfanne nehmen und lauwarm abkühlen lassen.

Für das Curry-Knusper das Hähnchenfett in der Pfanne mit Panko, Curry und etwas Salz vermengen. Bei Bedarf noch etwas Olivenöl zufügen, die Krumen sollten leicht feucht sein. So lange unter Rühren auf mittlerer Stufe braten, bis die Brösel goldgelb sind.

Die Frühlingszwiebeln waschen, putzen und schräg in dünne Ringe schneiden. Das Fenchelgrün waschen, trocken tupfen und in mundgerechte Stücke zupfen. Wer mag, ergänzt den Fenchelsalat mit Pflücksalaten. Für die Marinade alle Zutaten vermengen und abschmecken.

Den Fenchel aus dem Ofen nehmen. Die Hähnchensteaks in Streifen schneiden und mit dem Fenchel vermengen. Mit Frühlingszwiebeln, Fenchelgrün, Salat und der Marinade vermischen. In Schalen anrichten und mit dem Curry-Knusper bestreut servieren.

TAUSCH MAL

Soft-Aprikosen	**3 Aprikosen, 1 Pfirsich oder 1 Nektarine (in Stücken) oder 100 g Heidelbeeren**
Fenchel	**Mairübchen (35 Minuten im Ofen gebacken) oder Blumenkohlröschen (45 Minuten im Ofen gebacken)**

Ofen-Feta mit karamellisierten Frühlingszwiebeln und Tomaten

Schnelle Feierabendküche: Feta ist immer im Kühlschrank, fehlt nur noch ein schnelles Topping aus Frühlingszwiebeln, Tomaten, Ahornsirup, Chili (übrigens ein toller Gegenpart zum süßen Ahornsirup) und Olivenöl. Das Ganze wird mit hellem Balsamico abgerundet – den Rest macht der Ofen. Wer es nicht so gerne scharf mag, würzt die Marinade anstatt mit Chili mit geräuchertem Paprikapulver.

FÜR 4 PORTIONEN

4 Stücke Feta (à 125–150 g)
8 Frühlingszwiebeln
16 kleine Kirschtomaten (ca. 250-300 g)
4 EL Olivenöl, plus mehr für die Formen
2 EL Ahornsirup
2 EL heller Balsamicoessig
½ Chili, in Ringen
Salz

Den Ofen auf 200 °C vorheizen. Vier ofenfeste Portionsförmchen oder ein oder zwei größere Ofenformen mit etwas Olivenöl fetten, sodass sich der Käse später besser herauslösen lässt.

Den Feta in die Ofenformen legen. Die Frühlingszwiebeln waschen, die Wurzelenden knapp entfernen und die Zwiebeln leicht schräg in 2–3 cm dicke Stücke schneiden. In eine Schüssel geben. Die Kirschtomaten waschen, abtrocknen und vierteln, zu den Frühlingszwiebeln geben.

Olivenöl, Ahornsirup, Balsamico sowie Chiliringe und 1 Prise Salz zugeben und alles gut vermengen. Den marinierten Gemüsemix rings um die Fetastücke verteilen und beides im heißen Ofen rund 20 Minuten rösten und karamellisieren lassen. Mit frischem Brot servieren.

TAUSCH MAL

Kirschtomaten	**Aprikosen-, Pfirsich- oder Nektarinenstreifen; Feigen oder Pflaumen (dunkle Früchte gern mit roter Zwiebel und dunklem Balsamico)**
Frühlingszwiebeln	**1 rote Zwiebel (in Streifen)**

Erdbeerliebe – mit Burrata, Sesam und Avocado

Endlich – die ersten regionalen Erdbeeren sind da! Dass die roten Früchte gut mit Spargel können, ist längst bekannt. Doch es gibt noch sehr viel mehr pikante Kombinationen mit Erdbeeren, die großen Spaß machen. **Ein schneller Salat aus Avocado, Erdbeeren, Basilikum, Olivenöl und Zitrone passt beispielsweise sehr gut zu geröstetem Brot oder kann die Basis für eine schnelle Frühlings-Bowl sein.** Außerdem können Erdbeeren die Tomaten neben Mozzarella oder Burrata ersetzen. Das Basilikum darf gern bleiben, denn das passt auch wunderbar zur Erdbeere. Und sogar asiatisch funktionieren die süßen roten Früchte fantastisch: Ein Salat aus Erdbeeren, knackigem Frühlingszwiebelgrün, feinen Gurkenscheiben, geröstetem Sesam und einer Marinade aus Sesamöl, Limettensaft, Ahornsirup und etwas Sojasauce sorgt beim ersten Grillabend des Jahres garantiert für Begeisterung!

Fenchel: Das Kraut gibt's inklusive

Ab Mai kommt frischer Fenchel meist aus regionalem Anbau. **Die Faustregel: Je knackiger und feuchter die Knolle, desto frischer und aromatischer schmeckt sie.** Ein Trick bei unschönen Exemplaren, die eher holzig und trocken daherkommen: Einfach die äußeren Blatt-Segmente sowie die holzigen Stiele abtrennen und entsorgen. Darunter wartet der schönste Teil des Fenchels – saftig, knackig und frisch. Und: Das Grün bitte keinesfalls entsorgen. **Fenchelgrün hat feine Anisnoten und kann wunderbar als Würzkraut und Topping für Salate, Gemüse- und Fischgerichte eingesetzt werden.**

Spitzkohl: perfekt für Krautsalat

Lust auf selbst gemachten Krautsalat? Dann ist saftig-grüner Spitzkohl dafür die beste Wahl! Seine Blätter sind feiner als die vom Weißkohl und in einem rohen Salat auch deutlich bekömmlicher. **Wichtiger Trick: Spitzkohl- und andere Kohlblätter immer mit etwas Salz und Öl kneten, so werden sie weicher und bekommen ein angenehmeres Mundgefühl.**

REZEPT-TIPP:

Asia-Spinat

FÜR 4 PORTIONEN

Auf der Suche nach einer Abwechslung zu klassischem Rahmspinat? Diese Variante geht genauso schnell und ist mal etwas anderes: **Schalotten- oder Zwiebelwürfel** wie im **Rahmspinat-Rezept** (S. 86) in **Öl** braten. **800 g Spinat** zufügen, zusammenfallen lassen und dann mit **4 EL Sojasauce, 1 EL Sesamöl** und **1 EL Ahornsirup** sowie **etwas Chili** nach Wunsch abschmecken. Es lohnt sich auch, **1 EL Sesam** zu rösten und unter den Asia-Spinat zu heben. Schmeckt köstlich zu **Mie-Nudeln mit Pilzen und Sesam** (S. 56) oder Hähnchenkeulen aus dem Ofen. Wer lieber Fisch essen möchte, brät oder grillt dazu Garnelen, Lachs oder Kabeljaufilet auf der Haut.

EXPRESS-REZEPT:

Schneller Spitzkohlsalat

FÜR 2–3 PORTIONEN ALS BEILAGE

400 g Spitzkohl sehr fein schneiden und mit **1 TL Salz** sowie **2–3 EL Olivenöl** verkneten. Mit **Zitronensaft, etwas hellem Balsamicoessig** und **Ahornsirup** abschmecken. Gern mit **frisch gehackten Kräutern** verfeinern. Für einen asiatischen Krautsalat Sesamöl und anstelle von Balsamico Reisessig verwenden. Gern Koriander und gerösteten Sesam ergänzen.

NO-WASTE-TIPP:

Regrowing

Immer wieder wird in Rezepten nur das Frühlingszwiebelgrün benötigt. Was also tun mit der Wurzel und dem weißen Teil? Perfekte Lösung: **einfach eine neue Frühlingszwiebel daraus ziehen!**

Dazu die Wurzel mit dem weißen Teil in ein Glas mit Wasser stellen und dieses an einem hellen Ort platzieren. Dann dauert es etwa 3 Tage, bis sich das erste neue Lauchgrün zeigt. Damit genug nachgewachsen ist, um es zum Kochen zu verwenden, sollte man aber schon 10–14 Tage Geduld haben. Das Wasser gern alle 2 Tage erneuern. Übrigens: Regrowing, also das Nachwachsen von Gemüse, funktioniert auch sehr gut mit dem Strunk eines Romanasalats.

»Tagliatelle« aus Spitzkohl mit Tomaten und Speck

Nudeln aus Spitzkohl? Natürlich ist das keine echte Pasta, doch die feinen Ringe, die man aus einem frischen Spitzkohl schneidet, sehen den Tagliatelle-Bandnudeln verblüffend ähnlich. So entstehen in wenigen Minuten natürliche Low-Carb-»Nudeln«, die in unterschiedlichste Richtungen verfeinert werden können.

FÜR 4 PORTIONEN

2 mittlere Spitzkohlknöpfe (zusammen ca. 1,2 kg)
Salz
1 EL Olivenöl
250 g Kirschtomaten
200 g geräucherte Schinkenspeckwürfel
1 TL Ahornsirup
1 EL Limetten- oder Zitronensaft
frisch gemahlener schwarzer Pfeffer
100 g Parmesan, frisch gehobelt

Den Spitzkohl waschen und längs in sehr feine Streifen bzw. Ringe schneiden. Die Spitzkohlstreifen sehen nun aus wie dünne Tagliatelle-Nudeln. In einen großen Topf geben und mit 1 TL Salz und dem Öl verkneten, sodass der Kohl weich wird. Den Spitzkohl langsam erhitzen und ca. 5 Minuten dünsten.

Währenddessen die Kirschtomaten waschen, abtrocknen, halbieren oder vierteln. Den Speck in eine beschichtete Pfanne geben und bei mittlerer Hitze ohne zusätzliches Fett etwa 10 Minuten auslassen, bis er knusprig wird. Ahornsirup zugeben und den Speck kurz karamellisieren lassen. Die Tomaten dazugeben, weitere 5 Minuten langsam mitbraten und schmelzen lassen.

Speck und Tomaten vorsichtig unter den Spitzkohl heben, mit Salz, Limettensaft und Pfeffer abschmecken und mit gehobeltem Parmesan servieren.

Spitzkohl	**Wirsing oder Weißkohl (feste Blattrippen entfernt und Kohlstreifen 10 Minuten gedünstet)**

Mairübchen-Pfanne mit Kartoffeln und Petersilie

Ein ganz simples Gericht, das doch überraschende Aromen auf den Tisch bringt – Mairübchen gehören schließlich nicht zu den Allround-Gemüsesorten, die man ständig zu Hause hat. Schade eigentlich, denn sie sind sehr einfach und vor allem schnell zuzubereiten und schmecken herrlich nach Frühling! Wer mag, brät oder grillt dazu ein Nackensteak, ein Fischfilet (z. B. Kabeljau) auf der Haut oder serviert einen schnell gemixten Kräuterquark (S. 83) zum Gemüse.

FÜR 4 PORTIONEN

8 kleine Mairübchen (insgesamt ca. 750 g)
3 EL Olivenöl
8 sehr kleine Kartoffeln (z. B. Drillinge), gegart
Salz
2–3 gehäufte EL Butter
6 Stängel glatte Petersilie
frisch gemahlener schwarzer Pfeffer

Die Mairübchen schälen, achteln und in kleine Wedges schneiden. Das Öl in einer beschichteten Pfanne erhitzen und die Mairübchen darin von allen Seiten bei mittlerer Hitze braten, sodass sie etwas Farbe annehmen.

Die gegarten Kartoffeln mit Schale halbieren oder vierteln und nach 5 Minuten zugeben. Weitere 5 Minuten zusammen mit den Rübchen braten, dabei salzen. Die Butter in die Pfanne geben, kurz aufschäumen lassen und den Mairübchen-Kartoffel-Mix damit glasieren.

Die Petersilie waschen, trocken schütteln, die Blätter sehr fein hacken und unter die Mairübchen-Pfanne heben. Mit Salz und Pfeffer abschmecken.

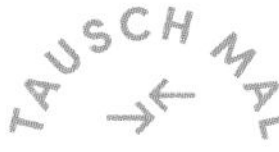

Mairübchen	**schwarzer Rettich, Fenchel, Kohlrabi (muss etwas länger gebraten werden) oder Mix aus Kohlrabi, Mairübchen und Radieschen**

06
Juni

Ackerbohnen-Stulle mit Burrata

Ackerbohnen (auch Dicke Bohnen, Favabohnen, Saubohnen oder Pferdebohnen genannt) schmecken süßlich und sehr zart – ihre kurze Erntezeit in den Sommermonaten sollte also auf jeden Fall genutzt werden. Nach dem Kochen lassen sich die Bohnenkerne ganz einfach aus der milchig weißen Pelle drücken.

FÜR 4 PORTIONEN

800 g Ackerbohnen (Nettogewicht: ca. 400 g)
Salz
4 EL Olivenöl, plus mehr zum Rösten
1 TL Zitronensaft
3 Msp. Abrieb von 1 Bio-Zitrone
2 EL frische Minzblätter
frisch gemahlener schwarzer Pfeffer
1 Handvoll schwarze Johannisbeeren (optional)
8 Scheiben Sauerteig- oder Dinkelbaguette
400 g cremige Burrata (alternativ Doppelrahm-Frischkäse)
Salz

Die Bohnen aus den Schoten palen und in der milchigtrüben Hülle 5 Minuten in kochendem Salzwasser garen. Abgießen, kurz abkühlen lassen und aus den Hüllen drücken.

Die Bohnenkerne in einer Schüssel mit Olivenöl, Zitronensaft sowie Zitronenabrieb vermengen. Die Minzblätter waschen, trocken schütteln, fein hacken und unterheben. Die marinierten Bohnen mit Salz und Pfeffer abschmecken. Optional gern 1 Handvoll schwarze Johannisbeeren unterheben, sie passen perfekt und sind zeitgleich mit den Bohnen reif.

Die Brotscheiben wahlweise frisch geschnitten verwenden oder mit etwas Olivenöl in einer Pfanne rösten. Die cremige Burrata auf den Schnittflächen verstreichen, leicht salzen und die marinierten Bohnen darauf anrichten. Die Stullen sofort servieren.

Ackerbohnen	**Erbsen (kurz blanchiert)**
Minze	**Basilikum**

Pasta mit Pfannen-Mangold und Salsiccia

Bunten Mangold gibt es den gesamten Sommer über aus regionalem Anbau. Die pinken, gelben oder roséfarbenen Stiele und Blätter sind nicht nur ein echter Hingucker, sondern auch ein wahres Geschenk für die schnelle Küche! In der Pfanne ist das Blattgemüse in gerade mal 5 Minuten zubereitet und lässt sich ausgesprochen vielseitig verfeinern: von mediterran, wie in diesem Rezept, bis hin zu asiatisch – in Sesamöl gebraten und mit Sojasauce, Limette und Ahornsirup abgeschmeckt – oder auch ganz pur nur mit Olivenöl, Salz und etwas Zitrone.

FÜR 4 PORTIONEN

500 g bunter Mangold
12 kleine Kirschtomaten
2 Schalotten
2 Knoblauchzehen
3 Aprikosen (optional)
40 g Walnusskerne
500 g Nudeln
Salz
3 EL Olivenöl, plus mehr zum Abschmecken
4 Salsiccia-Würstchen (à ca. 100 g)
frisch gemahlener schwarzer Pfeffer
4 EL Schmand

Den Mangold putzen, waschen und trocken tupfen. Die Blätter in etwa 2 cm breite Streifen, die Stiele in feine Stücke von 1–2 cm Dicke schneiden. Die Tomaten waschen, halbieren oder vierteln. Schalotten und Knoblauch schälen und fein würfeln. Optional und nach Verfügbarkeit die Aprikosen halbieren und in schmale Spalten schneiden. Die Walnusskerne in einer beschichteten Pfanne ohne Fett rösten, dann etwas abkühlen lassen und grob hacken.

Die Pasta in kochendem Salzwasser nach Packungsanweisung garen. Das Öl in einer großen beschichteten Schmorpfanne erhitzen und die Schalotten- sowie Knoblauchstücke darin 5 Minuten glasig anschwitzen. Währenddessen die Salsiccia-Würste aus der Pelle drücken, sodass kleine Fleischklößchen entstehen. Die Salsiccia-Bällchen mit in die Pfanne geben und rundum 4 Minuten mitbraten. Die Mangoldstiele zugeben und 3 Minuten mitbraten. Falls Aprikosen verwendet werden, diese jetzt zusammen mit den Tomaten zugeben und etwa 1 Minute mitbraten.

Die Mangoldblätter zugeben, den Deckel auf die Pfanne legen und die Blätter 1 Minute zusammenfallen lassen. Alles locker vermengen und mit Salz, Pfeffer und Olivenöl abschmecken.

Die Pasta abgießen und unter das Gemüse heben. Die Mangold-Nudel-Pfanne mit gerösteten Walnusskernen und etwas cremig gerührtem Schmand servieren.

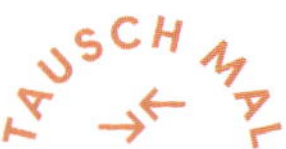

Mangold	**Pak Choi, Puntarelle, junge Grünkohlblätter, Spinat oder Spitzkohl**
Aprikosen	**Mirabellen, 1 Pfirsich oder 1 Nektarine**

Mit Vinaigrettes und Marinaden durchs Jahr

Eine gute Marinade kann man für so vieles verwenden! Nicht nur bei grünem Salat, auch bei Röstgemüse aus dem Ofen, Antipasti, Fleisch und Fisch können eine ausgewogene Marinade, eine feine Vinaigrette oder ein kräftiger Würzlack Wunder wirken. Diese Rezepte sind eine hilfreiche Grundlage für die schnelle Alltagsküche und inspirieren zu neuen Kreationen – auf geht's!

Vinaigrette

FÜR CA. 60 ML

4 EL Olivenöl oder gemischte Öle nach Wahl (z. B. Kürbiskern und Olive), **2 EL Essig nach Wahl und/oder Zitronensaft, 1 EL Ahornsirup, 1 TL Senf, Salz** und **frisch gemahlenen schwarzen Pfeffer** in einem verschließbaren Glas kräftig schütteln, sodass sie sich gut verbinden. Alternativ: Kurz mit dem Pürierstab mixen.

MÖGLICHE ERGÄNZUNGEN: gemahlene Gewürze (z. B. Kreuzkümmel, Currypulver, geräuchertes Paprikapulver, Ras el Hanout, Baharat), Zitrussäfte (z. B. Mandarine, Orange, Grapefruit, Blutorange), Konfitüre

PROBIER'S MIT: allen Blattsalaten, bunten Mix-Salaten oder – dann am besten in Kombination mit passenden Gewürzen – zum Beträufeln und Abschmecken von Ofen- oder Röstgemüse

Würzlack

1 Teil Sojasauce mit **2 Teilen Mirin** in einem Topf bei schwacher Hitze leicht einreduzieren, bis die Sauce andickt. Zwischendurch gut umrühren, damit nichts ansetzt. Nach Geschmack mit **etwas Chili** verfeinern und zum Glasieren und Lackieren von gegrilltem Fleisch oder Gemüse verwenden. Funktioniert auch zum Marinieren von Gemüse – dann bitte später beim Braten oder Grillen nicht zu stark erhitzen, damit der Lack nicht anbrennt.

PROBIER'S MIT: gebratener oder gegrillter Aubergine, anderem Gemüse nach Wunsch, Rinderfilet oder Nackensteak

Asia-Marinade

FÜR CA. 200 ML

50 g helle Misopaste, 100 ml Sojasauce, 3 EL Ahornsirup, 2 EL geröstetes Sesamöl aus hellem Sesam, **1–2 EL Limetten- oder Zitronensaft** sowie **Chiliflocken oder Chilisauce** nach Belieben vermengen. Die Marinade im Kühlschrank aufbewahren.

PROBIER'S MIT: Hähnchen, Lachs oder Gemüse

Die Sauce eignet sich hervorragend zum Marinieren von Hähnchenbruststreifen, sie macht das Fleisch wunderbar zart. Dafür Hähnchenbruststreifen großzügig mit der Marinade bestreichen und in einer verschlossenen Box etwa 4 Stunden im Kühlschrank marinieren. Anschließend nicht zu heiß braten, damit die Marinade nicht verbrennt.

FRÜHLING:

Asia-Vinaigrette

FÜR CA. 150 ML

6 EL Sojasauce
3 EL Sesamöl
3 EL Ahornsirup
3 EL Zitronensaft
3 EL Sesam

MÖGLICHE ERGÄNZUNGEN: Koriander, glatte Petersilie, Thai-Basilikum, Chili oder Frühlingszwiebel

PROBIER'S MIT: grünem oder gemischtem Salat, Krautsalat, gebratenem oder gewoktem Gemüse, gebratenem Spargel

SOMMER:

Fruchtige Vinaigrette mit Konfitüre

FÜR CA. 150 ML

6 EL Olivenöl
3 EL heller Balsamicoessig
3 EL schwarze Johannisbeer- oder Heidelbeerkonfitüre
1 TL Honigsenf oder mittelscharfer Senf
1 gute Msp. Ras el Hanout oder andere Gewürze passend zur Konfitüre
1 Spritzer Zitronensaft und Abrieb von 1 Bio-Zitrone nach Geschmack
Salz, frisch gemahlener schwarzer Pfeffer

PROBIER'S MIT: Geröstetem Blumenkohl mit Sommerfrüchten (S. 118), buntem Salat, Blattsalaten

HERBST:

Würzige Ofengemüse-Marinade

FÜR CA. 150 ML

10 EL Olivenöl
2 TL Baharat (alternativ Ras el Hanout, Currypulver)
3 EL Ahornsirup
3 EL Zitronensaft

PROBIER'S MIT: Orientalischer Aubergine mit Baharat (S. 138); Paprika, Zucchini, Pilzen, Roter Bete oder Zwiebeln aus dem Ofen

WINTER:

Orangen-Vinaigrette

FÜR CA. 150 ML

8 EL Olivenöl
2 EL Zitronensaft
2 EL Weißweinessig
2 EL Ahornsirup
1 EL körniger Senf
Saft von 1 kleinen Orange
½ TL Ras el Hanout oder Currypulver
Salz, frisch gemahlener schwarzer Pfeffer

PROBIER'S MIT: Gelber Bete mit Ziegenfrischkäse und Birne (S. 54), Kürbis, Roter Bete oder Blumenkohl aus dem Ofen oder verschiedenen Blattsalaten

Karamellisierte Karotten mit grünem Bulgur

Wie viel Süße in einer Karotte steckt! Wer Karotten langsam in der Pfanne brät oder auch im Ofen röstet, schmeckt eindrücklich, wie viel Eigensüße die Wurzeln auf den Teller bringen. Hier werden die feinen Bundkarotten einfach in der Pfanne gebraten und mit einem Hauch Ahornsirup karamellisiert. Dazu gibt's grünen Bulgur und cremige Burrata.

FÜR 4 PORTIONEN

Karamellisierte Karotten und Bulgur

2 Bund feine Karotten (ca. 600 g)
3–4 EL Olivenöl
Salz
2 Prisen frisch gemörserte Gewürze nach Wahl (z. B. Ras el Hanout, Garam Masala)
1 TL Ahornsirup
200 g Bulgur

Pesto und Burrata

150 g Mischung aus blanchiertem Karottengrün (S. 111), frischem Spinat und Basilikum
100 ml Olivenöl
50 g Salzmandeln oder Kürbiskerne
5 EL frisch gehobelter Parmesan
frisch gemahlener schwarzer Pfeffer
4 kleine Kugeln Burrata (à 100 g)
2 EL gerösteter Sesam

Die Karotten knapp vom Grün befreien und gut putzen. Die dünne Schale wahlweise mitverwenden oder abschälen.

Die Karotten je nach Stärke im Ganzen zubereiten oder längs halbieren oder vierteln.

Das Olivenöl in einer großen beschichteten Pfanne erhitzen und die Karotten darin ca. 15 Minuten von allen Seiten braten, bis sie im Innern leicht weich sind. Mit Salz und den Gewürzen abschmecken, dann mit dem Ahornsirup vorsichtig karamellisieren lassen.

Für das Pesto das grüne Gemüse, Olivenöl, Salzmandeln bzw. Kürbiskerne sowie Parmesan in ein hohes Gefäß geben, mit dem Pürierstab zu einem mittelfeinen Pesto mixen und mit Salz und Pfeffer abschmecken. Wichtig: Blanchiertes Karottengrün nur dann verwenden, wenn es besonders fein ist. Zu dicke Blätter lassen sich schwer pürieren und führen zu einer unschönen Konsistenz. Spinat und Basilikum (1:1) funktionieren auch pur wunderbar.

Den Bulgur nach Packungsanweisung zubereiten und mit 3–4 EL Pesto vermengen. Die karamellisierten Karotten mit dem grünen Bulgur, cremiger Burrata, übrigem Pesto und mit Sesam bestreut servieren.

Karotten	**Pastinaken, Pilze (verschiedene Sorten gemixt), Petersilienwurzeln, Rote oder Gelbe Bete (geschält und geachtelt)**
Pesto aus Karottengrün	**Grünes Pesto (S. 83)**

Endlich ist Beerenzeit!

Heidelbeeren, Himbeeren, Brombeeren und Johannisbeeren gibt es jetzt in bester Qualität. Die kleinen Früchte eignen sich natürlich ganz klassisch für Kuchen, Konfitüre, Desserts oder Chutneys. Darüber hinaus lassen sich Beeren aber auch wunderbar in Salaten oder Gemüsegerichten einsetzen, wie zum Beispiel beim **Gerösteten Blumenkohl mit Sommerfrüchten** (S. 118). Dabei werden die frischen Früchte nach dem Rösten unter das warme Gemüse gehoben. So bringen sie fruchtige Noten und zugleich etwas Süße und Säure mit in die Gemüse- oder Salatschale.

EXPRESS-REZEPT:

15-Minuten-Pasta mit Ackerbohnen

FÜR 1 PORTION

100 g Spaghetti oder Penne in gut gesalzenem Wasser kochen, abgießen (eine Tasse Kochwasser auffangen) und mit einem schnellen Bohnen-Zitronen-Gemüse vermengen: Dafür **reichlich Knoblauch und Zwiebeln** in **Olivenöl** glasig dünsten. **80–100 g gekochte Ackerbohnenkerne** sowie **1 oder 2 Stängel Bohnenkraut** zugeben, kurz mitdünsten und mit **Salz, Zitronensaft** und **Bio-Zitronenabrieb** abschmecken. Bohnenkraut entfernen und das Gemüse mit den Nudeln sowie 2–3 EL stärkehaltigem Kochwasser vermengen und mit **reichlich frisch gehobeltem Parmesan oder cremiger Burrata** anrichten.

Bohnen: wie lange kochen?

Eine wichtige Grundregel, die für alle Bohnensorten gilt: nie roh verzehren. Denn Bohnen enthalten Phasin, eine Proteinverbindung, die beim Verzehr der rohen Bohnen zu Vergiftungen führen kann. Beim Kochen verklumpt das Phasin jedoch und wird dadurch unschädlich.

Die Kochzeit für Bohnen variiert je nach Sorte:

Ackerbohnen (Dicke Bohnen, Favabohnen)	**5 Minuten**
Breite Stangenbohnen	**8 Minuten**
Dünne Buschbohnen	**5 Minuten**

Damit die Bohnen ihre schöne frische Farbe behalten, gibt es einen Trick: Die Bohnen nach dem Blanchieren kurz in Eiswasser legen, damit der Garvorgang gestoppt wird, dann trocken tupfen und nach Rezept weiterverarbeiten. Landen Bohnen ohne diese Vorbereitung direkt in der Pfanne, kann es gut sein, dass sie sich beim Braten bräunlich verfärben.

NO-WASTE-TIPPS:

Brokkolistiele raffiniert einsetzen

Brokkolistiele landen meist in der Tonne – dabei schmecken sie großartig! Die Schale dünn abhobeln (sie gibt eine unschöne Textur im Mund) und den Strunk wahlweise warm oder kalt weiterverarbeiten. Für eine warme Variante den Stiel fein würfeln und zusammen mit Zwiebeln, Karotten & Co. anschwitzen. Für die kalte Küche den Stiel mit einem Sparschäler dünn hobeln und dann in feine Streifen schneiden. Zusammen mit Karottenstreifen, roter Zwiebel und Kräutern lässt sich so ein knackiges Salat- oder Bowl-Topping zaubern, wie für die **Brokkoli-Bowl mit Hähnchen und Teriyaki auf S. 114.**

Karottengrün fürs Pesto

Karottengrün eignet sich toll für Pestos – aber es ist oft zu fest, um es einfach schnell zu vermixen, und am Ende bleiben hartnäckige Blattstücke zurück. Und wer versucht, zu lange gegen die festen Blätter anzumixen, riskiert, dass die Farbe kippt – und schlimmstenfalls auch der Geschmack. Denn Öl neigt bei zu langem Mixen zu bitteren Noten. Daher: **Karottengrün zuerst 3 Minuten in kochendem Salzwasser blanchieren, kurz in Eiswasser legen, gut ausdrücken und dann, gern auch gemischt mit anderen grünen Kräutern, zu Pesto oder Kräuteröl weiterverarbeiten** (S. 83).

Parmesan-Graupen mit Kohlrabi

Wer Risotto liebt und Lust auf Abwechslung hat, der sollte unbedingt mal Graupen probieren. Mit Gersten- oder feinen Perlgraupen lassen sich nach dem gleichen Prinzip wie mit Reis köstliche Löffel-Gerichte zaubern. Perlgraupen eignen sich besonders gut für die schnelle Alltagsküche. Wer Gerstengraupen verwendet, sollte 10–15 Minuten mehr Garzeit einplanen. Gerstengraupen schmecken etwas nussiger, Perlgraupen sind weicher.

FÜR 4 PORTIONEN

Cremige Graupen
3 kleine Schalotten
3 EL Olivenöl
400 g Perlgraupen
150 ml Weißwein
800 ml Gemüsebrühe, plus mehr nach Bedarf
2 Kohlrabiknollen (ca. 400 g)
100 g Parmesan, frisch gehobelt, plus mehr zum Servieren
2 gehäufte EL Butter
Salz
Saft und Abrieb von 1 Bio-Zitrone nach Bedarf zum Abschmecken

Gebratene Kohlrabiblätter
4–6 Kohlrabiblätter
2 EL Butter

Schalotten schälen und fein würfeln. Olivenöl in einem großen Topf erhitzen und die Schalottenwürfel darin unter Rühren bei schwacher Hitze 5 Minuten glasig anschwitzen, ohne dass sie Farbe annehmen. Die Graupen zugeben und unter gelegentlichem Rühren etwa 3 Minuten mitdünsten. Weißwein angießen und offen einköcheln lassen. Gemüsebrühe in zwei Schritten zugeben, jeweils ebenfalls einköcheln lassen.

Den Kohlrabi schälen und in sehr feine Würfel mit maximal 5 mm Kantenlänge schneiden. Nach etwa 15 Minuten die Kohlrabiwürfel zu den Graupen geben, untermengen und 5–10 Minuten mitgaren.

Die Kohlrabiblätter waschen und trocken tupfen. Die Butter in einer beschichteten Pfanne aufschäumen und die Blätter darin knusprig braten.

Wenn die Graupen die gewünschte Konsistenz haben, den Parmesan sowie die Butter unterheben. Mit Salz und Zitrone abschmecken und mit gehobeltem Parmesan sowie den gebratenen Kohlrabiblättern servieren.

Kohlrabi	**Pfifferlinge, Kräuterseitlinge, Spargel, Schwarzwurzeln, schwarzer Rettich, Mairübchen, Kirschtomaten, Zucchini, Mangold oder Spinat**
Kohlrabiblätter	**Basilikum, Schnittlauch oder Brunnenkresse (dann frisch, nicht gebraten)**

Brokkoli-Bowl mit Hähnchen und Teriyaki

Brokkoli ist ein Allround-Talent für die schnelle Alltagsküche: Man kann die Röschen kurz blanchieren oder braten und mit Butter und Salz in der Pfanne glasieren. Oder man kocht Brokkoli in Brühe, röstet ihn als Ofengemüse oder mixt ein Pesto aus blanchierten Brokkoliröschen. Die Stiele bitte keinesfalls entsorgen – sie können wahlweise gekocht oder auch roh gehobelt werden und bilden zusammen mit Karotte, Zwiebel und Sesam ein superleckeres und knackiges Topping auf dieser Bowl.

FÜR 4 PORTIONEN

300 g Sushireis
Salz

Brokkoli-Hähnchen-Pfanne
2 kleine Brokkoli (zusammen 600–700 g)
600 g Hähnchenbrustfilet
2 EL geröstetes Sesamöl
2 EL Butter
8 EL Teriyakisauce
4 Frühlingszwiebeln
3 TL Sesam

Salat-Topping
2–3 Karotten
1 kleine rote Zwiebel
2 Brokkolistiele (siehe oben)
3 EL Sesam
1 EL geröstetes Sesamöl
1 TL Zitronensaft

Den Sushireis in der gut doppelten Menge Salzwasser 15 Minuten leicht köcheln und quellen lassen. Warm halten.

Den Brokkoli in kleine Röschen teilen, den Stiel für das Topping beiseitelegen. Das Hähnchenbrustfilet in Streifen schneiden. Das Sesamöl in einer großen beschichteten Pfanne erhitzen und die Hähnchenbruststreifen darin rundum bei niedriger bis mittlerer Hitze schonend braten. Mit Salz würzen. Nach 8–10 Minuten die Brokkoliröschen dazugeben und rundum kurz mitbraten. Darauf achten, dass die Röschen nicht zu weich werden. Leicht salzen.

Die Butter in die Pfanne geben, kurz aufschäumen lassen, dann die Teriyakisauce zugeben und mit der Butter vermengen. Hähnchen und Gemüse damit glasieren.

Die Frühlingszwiebeln leicht schräg in dünne Ringe schneiden, das Wurzelende entsorgen. Frühlingszwiebeln und Sesam in die Pfanne geben und unterheben.

Für das Topping die Karotten schälen und mithilfe eines Julienneschneiders in feine Streifen hobeln. Die Zwiebel sowie die beiseitegelegten Brokkolistiele schälen und beides in sehr feine Streifen schneiden. Den Sesam zugeben und alles mit Salz, Sesamöl und Zitrone abschmecken.

Den warmen Reis mit der Brokkoli-Hähnchen-Pfanne und dem Salat-Topping anrichten und direkt servieren.

Brokkoli	Blumenkohl, grüner Spargel, Paprika oder Pilze

07
Juli

Gerösteter Blumenkohl mit Sommerfrüchten

Ob als Ratzfatz-Feierabend-Rezept oder besonderer Express-Salat für den nächsten Grillabend – die Grundlage für diese bunte Bowl ist Blumenkohl, der einfach in Röschen geteilt und im Ofen geröstet wird. Anschließend lässt er sich nach Lust und Laune mit Sommerfrüchten, Kräutern, anderem Gemüse und einer fruchtigen Vinaigrette vermengen.

FÜR 4 PORTIONEN

Blumenkohl-Kichererbsen-Mix
1 Blumenkohl (ca. 600-800 g, mit Blättern)
1 Dose Kichererbsen (ca. 240 g Abtropfgewicht)
2 EL Olivenöl
1 TL Salz

Beerenvinaigrette
4 EL Olivenöl
2 EL heller Balsamicoessig
3 EL Schwarze-Johannisbeer- oder Heidelbeerkonfitüre
1 TL Honigsenf oder mittelscharfer Senf
Salz
frisch gemahlener schwarzer Pfeffer
1 gute Msp. Ras el Hanout
1 Spritzer Zitronensaft und Abrieb von 1 Bio-Zitrone nach Geschmack

Salat
100 g Kirschen
40 g schwarze Johannisbeeren
100 g Heidelbeeren
1 kleine rote Zwiebel
1 rote Paprikaschote (ca. 200 g)
Olivenöl
Salz

Den Backofen auf 200 °C vorheizen. Den Blumenkohl waschen, in Röschen teilen und in einer großen Auflaufform verteilen. Den nicht holzigen Teil des Strunks in kleine Stücke schneiden und dazugeben. Fünf bis sechs schöne Blumenkohlblätter beiseitelegen.

Die Kichererbsen abgießen, heiß abspülen, gut abtropfen lassen und zum Blumenkohl geben. Olivenöl und Salz zugeben und gut vermengen. Im heißen Ofen 25–30 Minuten rösten, zwischendurch einmal umrühren, sodass Blumenkohl und Kichererbsen gleichmäßig leicht Farbe annehmen.

Währenddessen alle Zutaten für die Vinaigrette in einem hohen Rührbecher mit einem Pürierstab gut mixen. Abschmecken.

Die Früchte für den Salat waschen und abtropfen lassen, die Kirschen entsteinen und halbieren. Die Zwiebel schälen und in feine Spalten schneiden. Die Paprika waschen, von Stielansatz, Kernen und weißen Häuten befreien und in dünne Spalten schneiden. Alles in einer Salatschüssel miteinander vermengen. Die beiseitegelegten Blumenkohlblätter in feine Stücke schneiden und mit etwas Olivenöl und Salz vermischen. Mit den Händen leicht einmassieren, sodass sie zarter werden, dann zu den anderen Zutaten in die Schüssel geben.

Den Blumenkohl-Kichererbsen-Mix locker mit den übrigen Zutaten vermengen und abschmecken. Ofenwarm oder 30 Minuten lauwarm abgekühlt servieren.

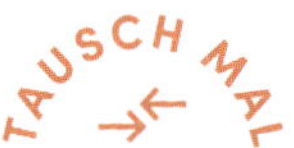

Blumenkohl	**Brokkoli**
Kirschen	**Aprikosen**
Heidelbeeren	**Pfirsiche oder Nektarinen**
Paprika	**Gurke**

Erbsen mit Buttermilchsauce und Kabeljau

Nie schmecken Erbsen so gut wie frisch aus der Schote – es lohnt sich also, die kurze Saison im Juli und August ausgiebig zu nutzen. Und damit der frische Erbsengeschmack richtig gut zur Geltung kommt, braucht es drumherum gar nicht viel. Diese schnelle Buttermilchsauce passt perfekt und erfrischt im Sommer! Wer doch noch einen Sattmacher dazu braucht, kocht kleine Nudel-Kügelchen (Fregola Sarda), Riesen-Couscous oder Risoni (Reisnudeln) und hebt sie unter die Erbsen.

FÜR 4 PORTIONEN

Blanchierte Erbsen
1,2 kg frische Erbsen (Nettogewicht: ca. 600 g)
Salz

Buttermilchsauce
300 ml Buttermilch
2 EL Olivenöl
1 EL Zitronensaft
2 Msp. Abrieb von 1 Bio-Zitrone
1 EL Ahornsirup
Salz

Fisch
3 EL Butter
600 g Kabeljau-Loins
Salz

Optional
1 TL Bio-Lavendelblätter und -blüten aus dem Garten oder vom Balkon (alternativ Salbeiblätter, angebraten in etwas Butter)

Die Erbsen aus den Schoten pulen und 1 Minute in kochendem Salzwasser blanchieren. In ein Sieb gießen und gut abtropfen lassen.

Für die Sauce Buttermilch, Olivenöl, Zitronensaft sowie Zitronenabrieb mit dem Pürierstab zu einer Marinade mixen. Mit Ahornsirup und Salz abschmecken.

Die Butter in einer großen beschichteten Pfanne auf mittlerer Stufe erhitzen und den Kabeljau (bestenfalls auf der Haut) langsam braten, gut salzen und bis zum gewünschten Punkt gar ziehen lassen.

Die warmen Erbsen jeweils in eine Schale oder einen tiefen Teller geben, reichlich Buttermilchsud darübergießen und den frisch gebratenen Fisch darauf- oder danebensetzen. Wer mag, streut frische Lavendelblättchen und -blüten darüber – passt geschmacklich wunderbar und sieht sehr hübsch aus!

TAUSCH MAL

Erbsen	Ackerbohnen, Stangenbohnen oder Zuckerschoten

Blumenkohl: von wegen langweilig!

Jetzt ist Blumenkohl-Saison und die weißen Röschen kommen frisch direkt aus der Region! Stellt sich die Frage: Was zaubern aus dem schmucken Kohl, wenn es über das klassische Kaisergemüse oder die simple Beilage hinausgehen darf? Der **Geröstete Blumenkohl mit Sommerfrüchten** (S. 118), der sich durch unterschiedlichste Früchte, weitere Gemüsesorten und Kräuter nach Lust und Laune erweitern lässt, ist die erste Empfehlung.

Außerdem lohnt es sich, rohen Blumenkohl fein zu hacken, sodass er eine reisähnliche Konsistenz bekommt. Gebraten in der Pfanne und abgeschmeckt mit etwas Butter, Sesamöl und Sesam ist er so ein super **Reis-Ersatz** – und das ganz natürlich low carb.

Auch spannend: Blumenkohlröschen mit ein paar Schalottenwürfeln in Butter oder Öl dünsten, dann mit Kokosmilch oder Sahne weich köcheln und als **Püree, Suppe oder weiße Gemüsesauce** servieren.

Und last, but not least: **Blumenkohl-Pickles**. Dabei werden die Röschen mit einem Sud aus Essig, Zucker und Wasser aufgegossen und sauer eingelegt (S. 210). **Extra-Tipp: Etwas Ras el Hanout oder Curry mit in den Sud geben.**

Jetzt an den Winter denken

Wenn die Gemüsekisten besonders bunt und reichhaltig sind, dann lohnt es sich, an den Winter zu denken: Als Tomatensauce, Ragouts und Pickles lässt sich das viele Sommergemüse optimal für die kalte Jahreszeit haltbar machen.

Blumenkohlröschen, Fenchel, Radieschen, Tomaten oder Gurken verwandeln sich ganz einfach in **süßsaure Pickles** (S. 210/211), die die Winterküche auf Stullen, in Salaten oder auf Sandwiches wunderbar bereichern.

Außerdem praktisch: **Tomatensauce** (S. 170), **Ratatouille** (siehe rechte Seite) oder **Gemüsebolognese** (S. 140) vorkochen, portionsweise einfrieren und so für die erntemaue Zeit vorsorgen.

Süße Früchte auch mal herzhaft

Im Sommer landen viele regionale Früchte in den Gemüsekisten: Verschiedenste Beeren, Kirschen und sogar Aprikosen kommen zu dieser Zeit aus der direkten Umgebung. Pfirsiche, Nektarinen und Melonen ergänzen das Angebot aus der Ferne. Tatsächlich ist die Auswahl gerade so groß wie sonst nie im Jahr. Da lohnt es sich, mutig zu sein und in der herzhaften Küche Früchte und Gemüse zu kombinieren. In **Salaten** (z. B. S. 30, 70, 118, 124), in Kombination mit Tomaten und Kräutern zu Burrata und Mozzarella oder auch püriert als **fruchtige Vinaigrette** (S. 107) punkten süße Früchte ganz besonders. Wer mag, variiert den **Ofen-Feta mit Frühlingszwiebeln und Tomaten** (S. 92) zur Abwechslung mit Aprikosenspalten oder schwarzen Johannisbeeren – einfach zusätzlich mit in die Form geben und im Ofen mitrösten, köstlich!

Wohin mit all den Zucchini?

Ob sie aus dem eigenen Garten kommen, aus der Gemüsekiste oder vom Markt – die Zucchinischwemme will bewältigt werden! Die **Sommergemüse-Antipasti** (S. 126) im easy Röstgemüse-Style sind ein Allround-Rezept, das sich wunderbar auch nur mit Zucchini zubereiten lässt. Besonders lecker: die Ofen-Zucchini nach dem Backen noch mit Feta sowie Früchten kombinieren.

Außerdem lassen sich Zucchini, besonders die kleinen und mittelgroßen, super grillen: Einfach längs halbieren, die Schnittflächen kreuzweise einschneiden, mit Salz und Olivenöl würzen und nach Wunsch mit Knoblauch einreiben. Dann ab auf den Grill damit.

TIPP: Nach dem Grillen mit **Kräuteröl** (S. 83) beträufeln und servieren.

REZEPT-TIPP:

Ratatouille

FÜR 4 PORTIONEN

2 Zwiebeln und **2 Knoblauchzehen** schälen, fein würfeln und in **3 EL Olivenöl** 5 Minuten glasig dünsten. **2 Zucchini**, **1 Aubergine** sowie **3 Paprikaschoten** klein schneiden und portionsweise anbraten. Alles Gemüse in den Topf geben und mit **800 g gehackten Tomaten** (aus dem Glas/aus der Dose) aufgießen. **1½ TL Salz**, **2 EL Ahornsirup** sowie **Chili nach Geschmack** zugeben und im halb geschlossenen Topf 30 Minuten köcheln lassen, zwischendurch umrühren. Kräftig abschmecken, nach Bedarf nachwürzen und zu Pasta, Quinoa, Einkorn oder Fisch vom Grill servieren.

Gurkensalat mit Wassermelone und Sesam-Hähnchen

Ein bisschen warm, ein bisschen kalt: Hier treffen knackige, erntefrische Gurken auf süße Wassermelone, Johannisbeeren und gebratenes Sesam-Hähnchen. Achtung, die süßlich-würzige Marinade macht richtig süchtig – am besten also gleich die doppelte Menge zubereiten und am nächsten Tag einen schnellen Spitzkohlsalat (S. 95) damit abschmecken.

FÜR 4 PORTIONEN

Sesam-Hähnchen
800 g Hähnchenbrustfilet
3 Msp. Natron
1 TL Salz
2 EL geröstetes Sesamöl (oder Sonnenblumenöl), plus 2 EL zum Braten
2 EL Butter
3 EL Sesam

Salat
2 Gurken (ca. 400-500 g)
1 kleine Wassermelone (ca. 600 g Fruchtfleisch)
100 g schwarze Johannisbeeren
1 rote Zwiebel
Salz

Marinade
4 EL Sojasauce
2 EL Sesamöl
2 EL Ahornsirup
2 EL Zitronensaft
2 EL Sesam

Das Hähnchen in daumendicke Streifen schneiden und in einer Schale mit Natron, Salz und Sesamöl vermengen. Das sorgt für eine zarte Konsistenz und dafür, dass das Hähnchen beim Garen nicht so schnell trocken wird. Das Fleisch abgedeckt mindestens 1 Stunde oder auch über Nacht im Kühlschrank ziehen lassen.

Für den Salat die Gurken waschen und in grobe Stücke schneiden. Die Wassermelone vierteln, von der Schale befreien und in ebenso grobe Stücke wie die Gurke schneiden. Die Johannisbeeren waschen und abtropfen lassen. Die Zwiebel schälen und in feine Streifen schneiden. Alle Zutaten locker und vorsichtig vermengen und leicht salzen.

Alle Zutaten für die Marinade vermengen und abschmecken.

Jetzt das Hähnchen braten: Dafür die Pfanne erhitzen, dann das Öl hineingeben und das Hähnchen von allen Seiten bei mittlerer Hitze braten. Die Butter zufügen und aufschäumen lassen. 2 EL von der Marinade zufügen, mit der Butter vermengen und das Hähnchen mit dem Marinade-Butter-Mix glasieren. Den Sesam zufügen und leicht karamellisieren lassen.

Die restliche Marinade unter den Salat mengen. Das warme Sesam-Hähnchen mit dem Salat anrichten und servieren.

schwarze Johannisbeeren	**Heidelbeeren**
Gurke	**Spitzkohl (fein geschnitten und mit Salz und Sesamöl geknetet)**
rote Zwiebel	**3 Frühlingszwiebeln**

Sommergemüse-Antipasti mit Emmer-Spaghetti

Hier braucht's nicht mal eine extra Sauce: Das Sommergemüse aus frischen Zucchini, Kirschtomaten, Aubergine, saftiger Paprika und würzigen Zwiebelstücken wird mit einer süßsäuerlichen Olivenölmarinade im Ofen geröstet und kann anschließend pur mit Pasta oder auch einfach nur mit frischem Röstbrot serviert werden. Parmesan darf natürlich trotzdem nicht fehlen ...

FÜR 4 PORTIONEN

Sommergemüse-Antipasti
3 kleine feste Zucchini (à ca. 150 g)
1 Aubergine
2 Paprikaschoten (ca. 400 g)
1 sehr kleiner Brokkoli (300 g)
250 g Kirschtomaten
1 Zwiebel (ca. 100 g)
4 EL Olivenöl
2 EL heller Balsamicoessig
2 EL Ahornsirup
1 TL Salz
1 Knoblauchzehe
Chiliflocken oder frische Chili nach Geschmack

Außerdem
400 g Emmer-Spaghetti oder andere Nudeln nach Wahl
Salz
8 EL frisch gehobelter Parmesan
2 Stängel Fenchelgrün oder 4 EL frische Basilikumblätter

Den Backofen auf 200 °C vorheizen.

Das Gemüse waschen und putzen. Die Zucchini grob in Ecken oder Würfel schneiden, die Aubergine würfeln. Die Paprikaschoten entkernen und in breitere Streifen schneiden. Den Brokkoli in Röschen teilen, den Stiel schälen, in kleine Stücke schneiden und mitverwenden. Die Zwiebel schälen und in Spalten schneiden. Das Gemüse in eine große Ofenform oder in ein tiefes Backblech geben.

Für die Marinade Öl, Essig, Ahornsirup und Salz vermengen. Die Knoblauchzehe schälen und reiben. Knoblauch und Chili nach Geschmack unter die Marinade mixen und abschmecken. Das Gemüse gut mit der Marinade vermengen und so in der Form verteilen, dass möglichst wenige Stücke übereinanderliegen und alles gut rösten kann. Im heißen Ofen 35–40 Minuten backen, zwischendurch nach Bedarf einmal umrühren, damit das Gemüse gleichmäßig Farbe annimmt.

In der Zwischenzeit die Pasta in Salzwasser al dente kochen, dann abgießen und tropfnass in den Topf zurückgeben. Das geröstete Gemüse aus dem Ofen nehmen und samt Sud mit der Pasta im Topf vermengen, sodass sich beides gut verbindet. Die Gemüse-Pasta mit gehobeltem Parmesan und Fenchelgrün oder Basilikum servieren.

Brokkoli	**Blumenkohl**
Paprika	**Fenchel, Spargel, Champignons, Hokkaido oder Butternut**
Zwiebel	**rote Zwiebel oder Lauch**

LL4314

Gemüsecurry mit Zuckerschoten

Das Beste an einem Curry: Alles passt rein. Ein Gericht, das sich perfekt als Resteverwertung im Alltag eignet; einzig die Garzeit für die verschiedenen Gemüsesorten sollte man im Auge behalten: Also das Gemüse gern unterschiedlich lange braten und in der Pfanne garen, bevor es in dem cremigen Kokos-Curry-Sud baden geht. Wer noch einen Sattmacher braucht, kocht Quinoa, Reis, Mie-Nudeln oder Soba-Nudeln dazu.

FÜR 4 PORTIONEN

Kokos-Curry-Sud

2–3 EL Currypaste (gelb, rot oder orange, nach Geschmack und gewünschtem Schärfegrad)
800 ml Kokosmilch
1 Stück Ingwer (3 cm, optional)
1–2 Kaffirlimettenblätter (optional)
1 Stängel Zitronengras (optional)
1 TL Salz
1 EL Ahornsirup

Gemüse

1 mittelgroßer Brokkoli
2 Paprikaschoten (ca. 400 g)
1 Aubergine
2 kleine Zucchini
250 g Zuckerschoten
3 EL Sonnenblumenöl oder Sesamöl
150 ml Gemüsebrühe
Salz

Topping

3 Frühlingszwiebeln
3 TL Sesam

Die Currypaste in einem großen Topf langsam anschwitzen, bis es duftet. Mit der Kokosmilch ablöschen und gut mit dem Schneebesen verrühren. Die Sauce offen bei schwacher Hitze 15 Minuten sämig einköcheln lassen. Nach Wunsch Ingwer, Kaffirlimettenblätter und/oder Zitronengras hinzufügen, ziehen lassen und später entfernen.

Das Gemüse waschen und putzen. Brokkoli in Röschen teilen, den Stiel schälen und in Stifte schneiden. Paprikaschoten in grobe Streifen, Aubergine und Zucchini in Würfel schneiden. Die eine Hälfte der Zuckerschoten für das warme Gemüse bereitlegen, die andere Hälfte für das Topping in dünne Streifen schneiden und beiseitelegen.

Das Öl in einer großen beschichteten Pfanne auf mittlerer Stufe erhitzen. Zuerst Brokkoliröschen und -stiel, Paprika sowie Aubergine darin rundherum kurz braten, sodass sie ein wenig Farbe annehmen. Etwas Gemüsebrühe angießen, salzen, den Deckel halb auflegen und das Gemüse 6–8 Minuten dünsten, dabei die Brühe einköcheln lassen. Zucchini sowie Zuckerschoten zugeben, nochmals etwas salzen und alles weitere 3–4 Minuten offen garen, zwischendurch umrühren.

Den Kokos-Curry-Sud mit Salz und Ahornsirup kräftig abschmecken. Das Gemüse zugeben und kurz zusammen erwärmen.

Die Frühlingszwiebeln waschen, putzen und schräg in feine Ringe schneiden. Das Curry mit Frühlingszwiebeln, Zuckerschotenstreifen sowie Sesam bestreut servieren.

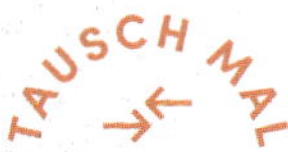

Brokkoli	**Blumenkohl**
Zuckerschoten	**Karottenstreifen oder Spargel**
Paprika	**Champignons oder Kürbiswürfel**

08
August

Tomatentarte mit Pfirsichen und Parmesan

Es hat sich spontan Besuch angekündigt? Dann ist diese Tarte das perfekte Express-Rezept: Den Blätterteig in die Form legen, mit der Parmesan-Schmand-Creme und frischen Tomaten belegen und ab in den Ofen. Der Clou dabei sind die kleinen Pfirsichstücke – sie passen wunderbar zu den süßsäuerlichen Tomaten.

FÜR 4 PORTIONEN

1 Packung Blätterteig aus dem Kühlregal (rechteckig, ca. 270 g)
Öl für die Form(en)
150 g Schmand
75 g Parmesan, frisch gerieben
2–3 Prisen Salz
1 Msp. Paprikapulver edelsüß
1 Msp. Baharat-Gewürzmischung
400 g kleine Kirschtomaten
2 kleine Pfirsiche (ca. 200 g)
1 TL frische Rosmarinnadeln
1 Eigelb

Den Backofen auf 200 °C vorheizen. Eine oder mehrere Tarteformen leicht einölen.

Den Blätterteig in die Form(en) legen und die überstehenden Ränder abschneiden. Den Boden mit einer Gabel mehrfach einstechen.

Für die Creme Schmand und Parmesan in einer Schale zu einer eher festen Masse verrühren. Mit Salz, Paprikapulver und Baharat-Gewürz abschmecken. Die Creme dünn auf dem Blätterteigboden verstreichen.

Die Kirschtomaten und Pfirsiche waschen. Die Tomaten halbieren und mit der Schnittfläche nach oben gleichmäßig auf der Käsecreme verteilen. Die Pfirsiche entsteinen, in kleine Würfel oder dünne Spalten schneiden und zwischen die Tomaten setzen. Die Rosmarinnadeln waschen, trocken tupfen, sehr fein hacken und ebenfalls auf der Tarte verteilen. Das Eigelb in einer Schale verquirlen und den frei liegenden Teigrand damit einpinseln. Das sorgt für eine schöne goldbraune Färbung beim Backen.

Die Tomatentarte im Ofen 20 Minuten goldbraun backen, dann herausnehmen und 5 Minuten bei Raumtemperatur ruhen lassen. Warm oder lauwarm servieren.

Tomaten	**Spargel, Karotten, Paprika oder Kürbis**
Pfirsiche	**Nektarinen, Aprikosen, Mirabellen oder gelbe Pflaumen**

Kartoffelsalat mit Kräuterpesto und gerösteten Kürbiskernen

Frische Kräuter gibt es jetzt satt: Minze Petersilie, Schnittlauch, Basilikum, Fenchelgrün, Koriander – alles ist da! In diesem Pesto spielen sie die Hauptrolle und hüllen die rustikalen Frühkartoffeln in einen würzig-grünen Kräutermantel. Fenchelgrün und Minze allerdings sparsam einsetzen, sonst dominieren sie zu sehr. Parmesan, Knoblauch und Zitrone runden alles wunderbar ab. Dazu passt gegrillter Lachs, Grillkäse oder Bratwurst.

FÜR 4–6 PORTIONEN ALS BEILAGE

1,5 kg festkochende Kartoffeln
Salz

Geröstete Kürbiskerne
60 g Kürbiskerne
1 TL Ahornsirup
2 Prisen Rauchsalz oder Salz

Kräuterpesto
150 g frische Kräuter (z. B. Petersilie, Schnittlauch, Basilikum, Koriander, Fenchelgrün, Minze)
2 Knoblauchzehen
150 ml neutrales Rapsöl (anteilig gern auch etwas Olivenöl)
75 g Kürbiskerne
50 g Parmesan, frisch gerieben
Salz
Saft und Abrieb von 1 Bio-Zitrone nach Bedarf zum Abschmecken

Den Ofen auf 180 °C vorheizen. Ein Blech mit Backpapier belegen.

Die Kartoffeln gründlich waschen und abbürsten, dann in reichlich kochendem Salzwasser 20–25 Minuten gar kochen.

Währenddessen für die karamellisierten Kerne die Kürbiskerne in einer Schale mit dem Ahornsirup und dem Rauchsalz vermengen und glatt gleichmäßig auf dem vorbereiteten Blech verteilen. Im Ofen rund 10 Minuten goldbraun rösten, dann abkühlen lassen und grob hacken.

Für das Pesto die Kräuterblättchen von den gröberen Stielen zupfen, gut waschen und trocken tupfen. Die Knoblauchzehen schälen. Beides in einem hohen Gefäß mit Öl, Kürbiskernen und Parmesan vermengen und mit dem Pürierstab zu einem groben Pesto mixen. Mit Salz, Zitronensaft und Zitronenabrieb abschmecken.

Die Kartoffeln abgießen und rund 15 Minuten abkühlen lassen, dann halbieren oder vierteln. Die Schale gern mitverwenden. Die Kartoffeln mit so viel Pesto vermengen, dass sich ein grüner Kräutermantel um die Kartoffeln legt. Abschmecken und gegebenenfalls nachwürzen. Die karamellisierten Kürbiskerne über den Salat geben.

Kartoffeln	**Karotten, Rote Bete, Gelbe Bete und Pastinaken (im Ofen geröstet)**

Orientalische Aubergine mit Baharat

Dieses Gericht lebt von einer kräftigen Gewürzmischung, die man vor allem aus den orientalischen Küchen kennt: Baharat. Sie vereint schwarzen Pfeffer, Paprikaflocken, Kreuzkümmel, Nelken, Korianderkörner, Schwarzkümmel, Chili und Kardamom. Die Auberginen nehmen die herrlichen Aromen zusammen mit Knoblauch, Zitrone und Ahornsirup genüsslich auf – also bitte nicht mit der Marinade geizen ... Es lohnt sich!

FÜR 4 PORTIONEN

Ofengemüse
4 kleinere Auberginen (ca. 800–1000 g)
Salz
500 g kleine Kirschtomaten
4 kleine rote Zwiebeln
2 Knoblauchzehen
10 EL Olivenöl
2 TL Baharat-Gewürzmischung
3 EL Ahornsirup
3 EL Zitronensaft

Gewürz-Quinoa
300 g Quinoa
1 TL Korianderkörner
1 TL Kreuzkümmelsamen
2 große Gemüsezwiebeln
50 g Walnusskerne
3 EL Olivenöl
1 TL Salz

Zum Servieren
frische Minze oder frischer Koriander

Den Backofen auf 200 °C vorheizen. Für das Ofengemüse die Auberginen waschen und längs vierteln, leicht salzen. Die Kirschtomaten waschen und trocken tupfen. Die Zwiebeln schälen und vierteln. Das Gemüse in einer großen Ofenform verteilen.

Den Knoblauch schälen und fein reiben. Mit Olivenöl, Baharat, Ahornsirup und Zitronensaft mischen und mit Salz würzen. Die Marinade zum Gemüse in die Form geben und alles mit sauberen Händen vorsichtig, aber gründlich vermengen. Das Gemüse so verteilen, dass es möglichst wenig übereinanderliegt, und im heißen Ofen 35–40 Minuten goldbraun rösten. Nach Bedarf zwischendurch wenden, damit es gleichmäßig Farbe annimmt.

Währenddessen die Quinoa waschen, nach Packungsanleitung in der 2,5-fachen Menge Salzwasser garen und quellen lassen.

Korianderkörner und Kreuzkümmelsamen grob mörsern oder andrücken. Die Zwiebeln schälen und in Spalten schneiden. Die Walnusskerne grob hacken. Das Öl in einer beschichteten Pfanne erhitzen und die Gewürze darin bei schwacher Hitze rösten. Die Zwiebeln zugeben und 15 Minuten glasig dünsten, mit Salz abschmecken. Zum Schluss die Temperatur etwas erhöhen, die Walnüsse zugeben und einige Minuten mitrösten, bis sie anfangen zu duften. Die Zwiebel-Gewürz-Mischung mit der Quinoa vermengen und abschmecken.

Das Ofengemüse mit der Gewürz-Quinoa anrichten und mit frischen Kräutern nach Wunsch garnieren. Sofort servieren.

Auberginen	Paprikaviertel oder Zucchini (längs in Vierteln) oder Hokkaido- oder Butternutkürbis (in groben Würfeln)

REZEPT-TIPP:

Veggie-Bolo mit Auberginen

Die Aubergine gehört zu den Gemüsesorten, die bei vielen Menschen einen schweren Stand haben. Dabei hat sie so viele Vorzüge! Denn richtig zubereitet funktioniert die Aubergine wie ein Schwamm und saugt bereitwillig alle Aromen und Geschmacksstoffe auf, die man ihr gibt. Sie liebt kräftige Gewürze, Knoblauch und Kräuter wie Rosmarin, Thymian oder gebratenen Salbei. Somit ist sie auch ein perfekter Fleisch-Ersatz, wie diese herzhafte Bolognesesauce beweist!

FÜR 4 PORTIONEN

3 Auberginen sehr fein hacken oder reiben (wahlweise dafür die Küchenmaschine benutzen). Das Auberginenhack salzen und 20-30 Minuten ziehen lassen, dann die Flüssigkeit gut ausdrücken. **3 EL Olivenöl** in einem großen Topf erhitzen, **je 2 gehackte Zwiebeln und Knoblauchzehen** darin rund 5 Minuten glasig dünsten, dann das Auberginenhack zugeben und kräftig anbraten. **3-5 EL Tomatenmark, 800 g stückige Tomaten, 1 TL Salz, 1 EL Ahornsirup** sowie **Chili nach Geschmack** zugeben und die Auberginen-Bolognese im halb geschlossenen Topf 40 Minuten köcheln lassen, zwischendurch umrühren. Nach Bedarf mit etwas **Sojasauce** (für geschmackliche Tiefe) abschmecken. Zu Spaghetti servieren. Dazu passen **Parmesan, Pecorino, Feta oder Burrata** sowie viel frisches **Basilikum**.

Tomaten: ab ins Glas!

Jetzt schmecken Tomaten am besten: fein säuerlich, aromatisch und je nach Sorte mehr oder weniger süß. Köstlich!

Es lohnt sich, diesen wunderbaren Sommergeschmack zu konservieren – **für sich selbst oder zum Verschenken als Sauce, Suppe oder auch eingelegt als Pickles** (S. 211).

REZEPT-TIPPS:

Schnelle Tomatensuppe

Eine Tomatensuppe für den schnellen Lunch lässt sich genauso zubereiten wie die Tomatensauce aus dem Ofen (S. 170). Die pürierte Sauce kann in diesem Fall einfach noch mit **kräftiger Gemüse- oder Geflügelbrühe** gestreckt werden. Für eine cremige Tomatensuppe **Sahne** zum Strecken nutzen. Die Suppe portionsweise einfrieren und später zum Beispiel mit gebratenen Garnelen servieren. Für eine **Tomaten-Lasagne-Suppe** einfach **Nudelplatten** grob in Stücke brechen und 10 Minuten in der warmen Suppe ziehen lassen. Mit **gehobeltem Parmesan** servieren!

Eingelegte Tomaten

1 kg möglichst kleine Kirschtomaten waagerecht halbieren und mit **4 EL Olivenöl, 1 TL Salz, 1 EL Ahornsirup, 1 EL Balsamicoessig** und **Chiliflocken nach Geschmack** vermengen und die Tomaten mit der Schnittfläche nach oben auf ein mit Backpapier belegtes Blech oder in eine Ofenform setzen. Bei 130 °C rund 2 Stunden im Ofen trocknen, bis die Tomaten schrumpelig sind. Dabei alle 30 Minuten die Tür öffnen und den Dampf herauslassen. Alternativ einen Holzlöffel zwischen die Ofentüröffnung stecken, sodass die Luft zirkulieren kann. Die halb getrockneten Tomaten in ein sterilisiertes Glas geben, mit Olivenöl bedecken und verschließen. Bis zu 8 Wochen im Kühlschrank aufbewahren und Pasta, Stullen, Fisch und Gemüsegerichte damit verfeinern.

WICHTIG: Zum Entnehmen immer einen sauberen Löffel benutzen!

Was tun mit Mirabellen?

Von Juli bis September sind Mirabellen reif. Die gelblichen Minipflaumen schmecken herrlich süß und eignen sich sowohl für Desserts und Kuchen als auch für die herzhafte Küche. In Kombination mit Tomaten lässt sich damit die **Tomatentarte mit Pfirsichen und Parmesan** (S. 134) perfekt variieren. Einfach anstelle der Pfirsiche oder Nektarinen eine gute Handvoll Mirabellenstücke zwischen den Tomaten verteilen. Auch in Salaten oder zu Käse – wie zum Beispiel zum **Ofen-Feta mit karamellisierten Frühlingszwiebeln und Tomaten** (S. 92) – passen die gelborangen Steinfrüchte wunderbar. Chili oder geräucherte Paprika ergänzen die Süße und setzen einen angenehm würzigen Kontrast. **Auch cremige Käsesorten wie Feta, Burrata, Mozzarella oder Blauschimmelkäse sind gut geeignet, um die Süße auszugleichen und abzupuffern.**

Wer Mirabellen konservieren möchte, kann sie neben Konfitüre auch sehr gut zu einem pikanten Chutney mit Gewürzen und Senfkörnern einkochen.

Paprika-Rührei mit Chorizo und Sommerkräutern

Der Sommer bietet alles, um ein cremiges Rührei noch besser zu machen: Einfach frisches Gemüse in der Pfanne braten, mit Chorizo, Speck oder Gewürzen verfeinern und dann den Eiermix in die Pfanne gießen. Dieses Rezept lässt sich wunderbar mit verschiedenen Gemüse- oder Kräuterresten variieren.

FÜR 4 PORTIONEN

120 g Chorizowurst (ca. 4 Stück, alternativ Speckwürfel oder Salsiccia)
2 Paprikaschoten (ca. 400 g)
8 kleine Kirschtomaten
8 Eier
Salz
frisch gemahlener schwarzer Pfeffer
frisch geriebene Muskatnuss
100 g Sahne oder Milch
30 g Parmesan, frisch gerieben
4 TL frisch gehackte Sommerkräuter nach Wahl (z. B. Rosmarin, Thymian, Majoran)

Die Chorizo in Scheiben schneiden. Die Paprika waschen, von Stielansatz, Kernen und weißen Häuten befreien und in dünne Streifen schneiden.

Die Tomaten waschen und je nach Größe halbieren oder vierteln. Eine große beschichtete Pfanne erhitzen. Die Chorizo hineingeben, auslassen und im eigenen Fett knusprig braten. Die Paprikastreifen dazugeben und von allen Seiten 5 Minuten mitbraten. Die Tomatenhälften in die Pfanne geben und ebenfalls 2 Minuten mitbraten.

Die Eier mit Salz, Pfeffer, Muskat und Sahne verquirlen, dann den Parmesan untermixen.

Das Gemüse nochmals durchmengen, dann bei mittlerer Hitze den Eiermix zugießen und kurz stocken lassen. Zwei- oder dreimal mit dem Spatel durch die langsam stockende Eiermischung gehen, dann das noch glänzende und nicht zu feste Gemüse-Chorizo-Rührei in eine Schale geben, damit es nicht weitergart.

Das Rührei mit frischen Sommerkräutern und geröstetem Brot servieren.

Paprika	**Zucchini, Karotten, Pfifferlinge, Spargel oder Artischocken**
Kirschtomaten	**2 Frühlingszwiebeln**

Mediterrane Bohnenpfanne mit Kartoffeln und Feta

Dieses Rezept ist simpel und lebt von frischen, aromatischen Bohnen und kurz gebratenem Rosmarin. Breite Stangenbohnen und die dünneren, klassischen grünen Bohnen können wahlweise pur oder gemischt verwendet werden, die Garzeit unterscheidet sich allerdings ein wenig: Breite Stangenbohnen sollten 8 Minuten blanchiert werden, bei dünnen Buschbohnen reichen 5 Minuten. Wer mag, brät mit den Bohnen noch etwas gehackten Knoblauch an.

FÜR 4 PORTIONEN

600 g grüne Bohnen oder Stangenbohnen
Salz
400–500 g Kartoffeln mit Schale, gegart
1 Zweig Rosmarin (alternativ Thymian)
8 Romanatomaten oder andere mittelgroße, reife Tomaten
3 EL Olivenöl
200 g Feta

Die Bohnen in reichlich kochendem Salzwasser 5–8 Minuten (dünne Bohnen 5, breite Bohnen 8 Minuten) blanchieren und abgießen. Die breiten Stangenbohnen leicht schräg in etwa 3 cm dicke Stücke schneiden, die grünen Bohnen im Ganzen verwenden, die Enden abknipsen.

Die Kartoffeln halbieren oder vierteln. Den Rosmarin abbrausen, trocken schütteln, die Nadeln vom Zweig streifen und fein hacken. Die Tomaten waschen, vierteln und vom Strunk befreien.

Das Olivenöl in einer großen Schmorpfanne auf mittlerer bis hoher Stufe erhitzen und die Bohnen darin rundherum braten, sodass sie etwas Farbe annehmen. Die Kartoffeln zugeben, 3–5 Minuten mitbraten und mit 1 TL Salz würzen. Die Rosmarinnadeln ebenfalls hinzufügen und kurz mitbraten. Die Tomatenviertel zugeben und unterrühren. Den Feta grob in Stücke zerteilen und mit dem Gemüse anrichten.

TAUSCH MAL

Kartoffeln	**Brokkoli oder Süßkartoffeln**
Tomaten	**Rucola**

IFCO

09
September

Süßkartoffeln aus dem Ofen mit Joghurt

Süßkartoffeln gibt es immer häufiger aus regionalem Anbau – im August und September stehen die Chancen besonders gut, dass sie frisch aus der Region kommen. Die heimische Lagerware ist dann oft bis in den Dezember hinein erhältlich! Das knackige Karotten-Petersilien-Topping lässt sich je nach Jahreszeit und Vorratslage kreativ variieren.

FÜR 4 PORTIONEN

Süßkartoffeln
4 kleine bis mittelgroße Süßkartoffeln (à 300–400 g)
Salz

Karotten-Petersilien-Salat
300 g bunte Karotten
8 Stängel glatte Petersilie (alternativ Koriander oder Kräutermix nach Geschmack)
3 EL Olivenöl
1-2 EL Zitronen- oder Limettensaft
1-2 TL Ahornsirup
1 Prise Currypulver oder Ras el Hanout
Salz
4 EL gerösteter Sesam

Zum Servieren
250 g Sahnejoghurt oder Schmand
Salz

Den Backofen auf 200 °C vorheizen und ein Blech mit Backpapier belegen. Die Süßkartoffeln gründlich waschen und auf das vorbereitete Blech setzen.

Im Ofen etwa 1 Stunde backen, bis sich die Schale der Süßkartoffeln wölbt und das Fruchtfleisch weich ist, wenn man mit einem Messer hineinsticht.

Während der Backzeit die Karotten für das Topping schälen und in feine Juliennestreifen schneiden. Die Petersilie waschen, trocken schütteln, fein schneiden und mit den Karottenstreifen vermengen. Aus Olivenöl, Zitronensaft, Ahornsirup und Gewürzen eine Vinaigrette mixen, abschmecken und mit dem Karotten-Kräuter-Mix vermengen. Den gerösteten Sesam erst kurz vor dem Servieren unterheben.

Die Süßkartoffeln aus dem Ofen nehmen und jeweils auf einen Teller setzen. Die Kartoffeln oben aufschneiden und die Schale zur Seite ziehen. Man kann die Schale nach Wunsch ganz entfernen, das Fruchtfleisch lässt sich aber auch gut aus der Schale heraus essen.

Die gebackenen Süßkartoffeln leicht salzen und mit dem Salat anrichten. Den Joghurt oder Schmand mit 1 Prise Salz glatt rühren und zu den Kartoffeln servieren.

Süßkartoffeln	**große Kartoffeln, Rote Bete oder Hokkaidokürbis mit etwas Salz und Öl im Ofen gebacken (S. 166)**

Knusprige Tacos mit Mais, Paprika und Limette

Hier gibt's den Mais gleich in zwei Varianten: Die Taco-Shells aus Maismehl bilden den knusprigen Rahmen, dazu gesellt sich frischer Mais aus der Pfanne. Dieser wird nur kurz gebraten und kann nach Lust und Laune mit weiterem Gemüse ergänzt werden. Spannend: Anstelle von Koriander kommt das Grün vom Staudensellerie in die Taco-Füllung. Es kann genauso wie andere Kräuter in Salaten und Gemüsepfannen zum Würzen eingesetzt werden.

FÜR 4 PORTIONEN

Tacos
2 rote Paprikaschoten (ca. 400 g)
1 Limette
1 Schalotte
8 Blätter helles Staudenselleriegrün
3 frische Maiskolben
2 EL Olivenöl
Salz
frisch gemahlener schwarzer Pfeffer
150 g Pflücksalate zum Servieren
12 Taco-Shells aus Maismehl
150 g Schmand oder Crème fraîche

Pico de Gallo
4 Rispentomaten
1 milde Peperoni
(alternativ ½ rote Paprikaschote)
4 Blätter Staudenselleriegrün
1 Schalotte
1 Knoblauchzehe
4 EL Olivenöl
1 TL Ahornsirup
2 EL Limettensaft

Die Paprikaschoten waschen, von Stielansatz, Kernen und weißen Häutchen befreien und in feine Streifen schneiden. Die Limette schälen und in feine Filets schneiden. Die Schalotte schälen und in feine Ringe schneiden. Das Selleriegrün waschen, trocken schütteln und fein hacken. Alles in eine Schüssel geben.

Die Maiskolben von den Blättern befreien. Dabei darauf achten, dass alle feinen Haare entfernt werden. Den Mais waschen, trocken tupfen und mit einem scharfen Messer die Körner herunterschneiden. Das Öl in einer beschichteten Pfanne erhitzen und die Maiskörner darin rundherum 2 Minuten goldbraun braten. Zu der Gemüsemischung geben und alles mit Salz und Pfeffer abschmecken. Sollte noch Säure fehlen, mit etwas Limettensaft nachwürzen.

Für die Pico de Gallo die Tomaten waschen, vom Stielansatz befreien und sehr fein würfeln, den Saft gern mitverwenden. In eine Schale geben. Die Peperoni waschen, entkernen und fein würfeln. Das Selleriegrün waschen und sehr fein schneiden. Schalotte und Knoblauch schälen und sehr fein würfeln. Alles mit Olivenöl, Ahornsirup, Limettensaft, Salz und Pfeffer abschmecken.

Die Salatblätter auf tiefe Teller verteilen, die Taco-Shells mit der Öffnung nach oben daraufsetzen und dünn mit Schmand oder Crème fraîche ausstreichen. Mit dem warmem Mais-Mix füllen und sofort mit der Pico de Gallo servieren.

Mais	**400–500g Zucchiniwürfel (gebraten)**
Selleriegrün	**Koriander**
Paprika	**Staudensellerie, kleine Kirschtomaten oder Gurke**

Rot, gelb, geringelt: Bete das ganze Jahr!

Wenn es ein Gemüse gibt, das in den letzten Jahren immer beliebter geworden ist, dann ist es die Rote Bete. Auch ihre nahe Verwandte, die Gelbe Bete, holt immer mehr auf. Praktisch: Beide Sorten sind fast das ganze Jahr über erhältlich, denn sie werden bis in den Herbst und Winter hinein regional geerntet und lassen sich dann bis zum nächsten Frühjahr gut lagern.

Allerdings gibt es Unterschiede: **Sommerbete, die oft mit saftig grünen Blättern im Bund angeboten wird, schmeckt deutlich zarter und süßer als die kräftig erdigen Winterrüben und hat meist auch deutlich kleinere Knollen.** Ihre Schale ist in der Regel so dünn, dass man sie mitessen kann. Im Spätherbst und Winter werden die Knollen größer und die Schale dicker. Diese Rüben sind sehr gut lagerfähig und haben einen besonders tiefen, erdigen Geschmack.

Im Sommer landet mit etwas Glück schmucke Ringelbete in der Gemüsekiste: Sie kommt ursprünglich aus dem Mittelmeerraum, wird in den warmen Monaten aber auch regional geerntet. Sie schmeckt süßlicher und weniger erdig als herkömmliche Rote Bete.

Probiere unbedingt die **Gelbe Bete mit Ziegenkäse und Birne** (S. 54), gern auch als **Carpaccio** angerichtet (S. 66), und die **Rote Bete mit Linsen und Gewürzen** (S. 156).

Endlich Zwetschgenzeit

Im Spätsommer ist es endlich so weit! Meist Anfang September sind die lilafarbenen Früchte wunderbar weich und süß – perfekt, um sie pur zu naschen oder kreativ in der Küche einzusetzen. Dabei bieten sich neben süßen Klassikern wie Kuchen, Konfitüre und Mus auch herzhafte Gerichte an: **In Schmortöpfen sorgen Zwetschgen für eine angenehme Süße, außerdem lassen sich daraus pikante Chutneys, fruchtige BBQ-Saucen oder Ketchup zubereiten.** Wer mit Gewürzen spielen möchte: Sternanis, Zimt, Kreuzkümmel und Koriander passen ganz wunderbar!

Süß und würzig: die Süßkartoffel in der Küche

Inzwischen bauen immer mehr Gärtnereien in Deutschland, Österreich und der Schweiz Süßkartoffeln an – die Chancen für regionale Ware stehen also gut. Die Haupterntezeit ist im September.

Als **Ofenkartoffel** (S. 150) ist die Süßkartoffel in der Alltagsküche am schnellsten zubereitet. Dazu passt ein würziges, gerne auch leicht scharfes Dressing, um der ausgeprägten Süße der Bataten etwas entgegenzusetzen. Wer gerne Chili isst, darf also zuschlagen – Süßkartoffel und Chili sind ein super Match! Wer es nicht ganz so scharf mag, verwendet stattdessen kräftige Gewürze wie Paprikapulver, Ras el Hanout, Kreuzkümmel oder auch Baharat. **Und noch eine gute Nachricht für alle, die nicht zu lange in der Küche stehen möchten: Aufwendige Saucen braucht die Süßkartoffel nicht!** Kühle Dips aus Quark und Schmand, wie **Radieschenquark** (S. 65) und **Kräuterquark** (S.83) oder auch purer Sauerrahm, Joghurt oder Schmand sind perfekt, denn sie schaffen ebenfalls einen tollen Ausgleich zur Süße der gebackenen Kartoffeln.

Was tun mit Staudensellerie?

Zugegeben: Staudensellerie gehört nicht zu den Gemüsesorten, bei denen die Ideen nur so sprudeln. Was also tun mit den würzig-aromatischen Stangen und ihren Blättern? Zwar kann beides auch warm zubereitet werden, aber noch besser schmecken sie frisch und knackig in der kalten Küche. Die fein gehackten Stangen machen sich überall dort gut, wo man noch etwas Biss, also Textur im Mund haben möchte. **So passt fein geschnittener Staudensellerie super in Salate oder auch in scharf-würzige Salsas, wie zum Beispiel in eine Pico de Gallo** (S. 153).

NO-WASTE-TIPP:

Sellerieblätter als Kräuterersatz

Selleriegrün ist auch unabhängig von den Stangen ein toller Kräuterersatz: **Anstelle von Petersilie, Minze, Basilikum oder Koriander bringen Sellerieblätter neue Aromen auf den Teller, wie zum Beispiel bei den Knusprigen Tacos mit Mais, Paprika und Limette** (S. 153) – unbedingt ausprobieren!

Selleriegrün lässt sich (dosiert eingesetzt!) auch in Kräuter- und Salatpestos verarbeiten. Die Sellerieblätter mit ihrem würzigen Geschmack geben dem Mix eine ganz besondere Note, ohne dass man sie direkt herausschmeckt.

Rote Bete mit Linsen und Gewürzen

Zwei in eins: Dieses Rezept funktioniert als warmes Linsen-Gemüse zum Lunch oder auch als lauwarmer Salat auf dem großen Mitbringsel-Büfett – und zwar nicht nur für Vegetarier!

FÜR 4 PORTIONEN

Gebackene Rote Bete
10 kleine bis mittelgroße Rote-Bete-Knollen (ca. 800–1000 g)
3 EL Olivenöl
1 TL Salz

Linsengemüse
300 g Belugalinsen
1 TL Salz
3 EL Granatapfelsirup (alternativ 2 EL dunkler Balsamicoessig, 1 EL Ahornsirup)
2 Prisen Baharat (alternativ Currypulver, Garam Masala oder Ras el Hanout)
2 EL Olivenöl

Außerdem
6 Stängel glatte Petersilie oder Koriander
250 g Sahnejoghurt oder Schmand
4 EL gerösteter Sesam

Den Backofen auf 200 °C vorheizen. Die Rote Bete bei Bedarf putzen, schälen (sehr junge Bete kann mit Schale geröstet werden) und in Wedges schneiden. In eine große Ofenform geben und gründlich mit dem Öl und Salz vermengen. 45–50 Minuten im heißen Ofen backen, bis sie weich sind. Zwischendurch ein- bis zweimal vermengen, sodass sie gleichmäßig garen und rösten.

Währenddessen die Linsen waschen und in der doppelten Menge Salzwasser in rund 20-25 Minuten garen, dann abtropfen lassen.

Die warmen Linsen direkt mit den übrigen Zutaten als Marinade vermengen und abschmecken.

Die Kräuter waschen, trocken schütteln, fein schneiden und unter die Linsen heben. Die Rote Bete aus dem Ofen nehmen und ebenfalls warm unter die Linsen heben.

Den Rote-Bete-Linsen-Mix mit cremig gerührtem Joghurt und geröstetem Sesam servieren.

Rote Bete	bunte Karotten, gemischtes Wurzelgemüse (Karotten, Pastinaken, Rote Bete, Schwarzwurzeln), mediterraner Gemüsemix (Zucchini, Paprika, Aubergine, Kirschtomate)

Romanasalat mit Harissa-Hack

Ein lauwarmer Feierabendsalat, der fix zubereitet ist und schön satt macht. Die knackigen Romanasalatblätter werden mit pikant gewürztem Rindfleisch, Spätsommertomaten und cremigen Avocadoscheiben geschichtet und mit Erdnusskernen bestreut serviert.

FÜR 4 PORTIONEN

4 Romanasalatherzen (à ca. 125 g)
16 kleine Kirschtomaten (ca. 250 g)
2 reife Avocado
4 EL geröstete und gesalzene Erdnusskerne
800 g Rinderhackfleisch
3 TL Harissapaste
(je nach Schärfegrad dosieren)
1 TL Salz
1 EL Ahornsirup
4 EL Olivenöl
1 EL Limettensaft

Den Salat in Segmente teilen, waschen und trocken tupfen. Die Tomaten waschen und vierteln. Die Avocados schälen, entkernen und das Fruchtfleisch in Spalten schneiden. Die Erdnusskerne grob hacken.

Das Hackfleisch in einer großen beschichteten Pfanne ohne zusätzliches Öl krümelig braten. Wird eine nicht beschichtete Pfanne verwendet, vorher etwas Öl darin erhitzen. Das gebratene Hackfleisch mit Harissapaste und Salz würzen, dann Ahornsirup, Olivenöl und Limettensaft unterheben, sodass sich rund um das Hackfleisch ein würziger Sud bildet.

Die Salatblätter mit dem Hackfleisch und dem Harissa-Sud in vier Schalen schichten, die Tomatenviertel und Avocadoscheiben dazwischensetzen. Mit den gehackten Erdnusskernen bestreut servieren.

Romanasalat	**Kopf-, Eichblatt- oder Bataviasalat**
Kirschtomaten	**feine Paprikawürfel, halb getrocknete eingelegte Tomaten in Öl, abgetropft, oder eingelegte geröstete Paprika**

Staudensellerie-Sommerrollen mit Lachs

Sommerrollen sind eine ideale Möglichkeit, Rohkost schick in Szene zu setzen. Grundsätzlich passt alles hinein, was frisch und knackig schmeckt. Ganz vorne mit dabei: frischer Staudensellerie, am besten fein geschnitten. Die würzigen Stangen und die grünen Blätter punkten hier gleichermaßen.

FÜR 4 PORTIONEN

Sommerrollen
4 kleine Stangen Staudensellerie mit Grün (ca. 200–250 g)
2 Karotten
200 g äußere Rotkohlblätter
12 Shiso-Blätter (alternativ Koriander oder Minze, gerne auch gemischt)
200 g roher Lachs in Sushi-Qualität
Salz
12 runde Reispapierblätter

Sauce
1 Knoblauchzehe
1 rote Chili (alternativ ½ rote Paprikaschote)
3 EL Fischsauce
2 EL Limettensaft
3 EL flüssiger Honig oder Ahornsirup

Außerdem
1 großes Romanasalatherz

Selleriestangen, Karotten und Rotkohl waschen, putzen, wenn nötig schälen und in sehr feine Streifen schneiden. Die Sellerieblätter grob hacken. Die Shiso-Blätter waschen und trocken schütteln. Den Lachs in dünne Streifen schneiden und salzen.

Die Reispapierblätter nach Packungsangabe nacheinander in Wasser einweichen. Eins nach dem anderen herausnehmen, gut auf einem Küchentuch abtropfen lassen und mit dem Gemüse, dem Lachs und den Kräutern mittig belegen. Die Blätter seitlich und an den Enden einklappen und dann fest zusammenrollen.

Für die Sauce den Knoblauch schälen, die Chili von Stielansatz und Kernen befreien und beides fein hacken. Mit Fischsauce, Limettensaft und Honig vermischen.

Das Romanasalatherz in die einzelnen Blätter teilen, waschen, trocken tupfen und vier Teller damit auslegen. Die Sommerrollen darauf verteilen und mit der Sauce servieren.

Karotten	**bunte Karotten, Gurke, Gelbe Bete, Mairübchen, Kohlrabi, Birnen oder Avocados**
Staudensellerie	**grüner Spargel, Paprika oder Mango**

10

Oktober

Ofen-Kürbis mit veganer Kürbiskernmayo

Ob als Curry, vegetarisches Gulasch, Püree, Suppe, Salat oder aus dem Ofen: Hokkaido lässt sich in unzähligen Varianten auftischen. In diesem Rezept glänzt er als geröstetes Ofengemüse mit knusprigen Kernen und einer schnell gemixten Mayonnaise aus Kürbiskernöl.

FÜR 4 PORTIONEN

Ofen-Kürbis
1 Hokkaidokürbis (ca. 800 g)
3 EL Olivenöl
1 TL Salz
50 g Kürbiskerne
1 TL Ahornsirup
2 Prisen Salz oder Rauchsalz

Aprikosen-Curry-Vinaigrette
4 EL Olivenöl
2 EL heller Balsamicoessig
2 Msp. Currypulver
1 TL Senf
1 TL Ahornsirup
Salz
frisch gemahlener schwarzer Pfeffer
8 Soft-Aprikosen
6 Stängel Selleriegrün oder glatte Petersilie

Kürbiskern-Mayonnaise (reicht für mehr)
50 g Kichererbsenwasser aus dem Glas (Aquafaba)
1 TL Senf
1 Spritzer Zitronensaft
100–150 ml Rapsöl
100 ml Kürbiskernöl
Salz
frisch gemahlener schwarzer Pfeffer

Den Backofen auf 200 °C vorheizen. Den Kürbis waschen, entkernen und in Spalten schneiden. Gut mit dem Öl und dem Salz vermengen, am besten mit sauberen Händen einmassieren. Die Kürbisspalten in einer großen Ofenform oder auf einem mit Backpapier belegten Blech verteilen und im heißen Ofen etwa 40 Minuten rösten.

In der Zwischenzeit die Kürbiskerne mit dem Ahornsirup und dem Salz vermengen und nach 30 Minuten Backzeit auf die Kürbisspalten streuen. Weitere 10–12 Minuten goldbraun rösten, dann den Kürbis samt Kernen aus dem Ofen nehmen und kurz abkühlen lassen.

Für die Vinaigrette Olivenöl, Balsamico, Curry, Senf und Ahornsirup verrühren und mit Salz und Pfeffer abschmecken. Die Soft-Aprikosen halbieren oder vierteln und in der Vinaigrette einlegen. Die Sellerieblätter waschen, trocken tupfen und in kleine Stücke zupfen.

Für die Mayonnaise alle Zutaten in ein schmales, hohes Gefäß geben und mit dem Pürierstab langsam zu einer Mayonnaise emulgieren. Abschmecken.

Die warmen Kürbisspalten mit den Kernen, der Vinaigrette, den Sellerieblättern und der Kürbiskernmayo anrichten.

Dazu passen geröstetes Brot und grüner Salat (mit der gleichen Vinaigrette) sowie Hähnchenkeulen, die im Ofen mitgeröstet wurden (dann 180 °C Umluft verwenden). Die übrige Kürbiskernmayo im Kühlschrank aufbewahren und innerhalb von einigen Tagen verarbeiten.

Kürbis	Süßkartoffeln, Karotten oder gemischtes Wurzelgemüse

Veggie-Pilz-Geschnetzeltes

Aus dem berühmten Zürcher Geschnetzelten mit Kalbfleisch und Champignon-Rahmsauce wird hier kurzerhand ein vegetarisches Pilzgericht: Die Austernpilze ersetzen mit ihrer fleischigen Konsistenz das Kalbsfleisch, Shiitake würzen das Gericht durch ihre kräftigen Aromen, die sie übrigens erst beim Braten entwickeln, und Champignons sind eh an Bord. Ein schnelles Seelenessen für kalte Herbsttage.

FÜR 4 PORTIONEN

2 Schalotten
2 Knoblauchzehen
2 EL Olivenöl
250 g Austernpilze
250 g Shiitakepilze
250 g Champignons
Salz
100 ml Weißwein (alternativ Gemüsebrühe)
400 g Sahne
Salz
frisch gemahlener schwarzer Pfeffer
frisch geriebene Muskatnuss
4 TL fein gehackte Petersilie

Außerdem
400 g Spirelli, Fussili oder Spätzle
Salz

Die Schalotten und den Knoblauch schälen und fein würfeln. Das Öl in einer großen beschichteten Pfanne erhitzen und die Schalotten- sowie Knoblauchwürfel darin 5 Minuten glasig dünsten.

Die Nudeln in ausreichend kochendem Salzwasser al dente kochen.

Die Pilze putzen. Die Austernpilze grob in Streifen zupfen, die Shiitake je nach Größe im Ganzen verwenden oder halbieren. Die Champignons von den Stielenden befreien, dann vierteln. Die Pilze portionsweise in der Pfanne jeweils 3 Minuten braten, dann samt Flüssigkeit in eine Schüssel umfüllen. Jeweils nur so viele Pilze braten, dass alle Kontakt mit dem Pfannenboden haben und Farbe annehmen können.

Sind alle angebraten, die Pilze inklusive Flüssigkeit zurück in die Pfanne geben und gut salzen. Mit dem Weißwein ablöschen und kurz einköcheln lassen. Die Sahne zugießen und alles etwa 5 Minuten köcheln lassen, dann mit Salz, Pfeffer und Muskat abschmecken. Das Zürcher Pilz-Geschnetzelte mit den Nudeln servieren und mit der Petersilie bestreuen.

Shiitakepilze	**Kräuterseitlinge oder Pfifferlinge**
Petersilie	**Selleriegrün, Schnittlauch oder Kerbel**

Mit Ofengemüse durchs Jahr

Nach Feierabend oder in der Mittagspause schnell ein bisschen Gemüse schnippeln und ab in den Ofen damit – Ofengemüse ist nicht nur unkompliziert und schnell vorbereitet, sondern auch unendlich wandelbar. Das Gemüse lässt sich leicht an die jeweilige Saison anpassen, und mit immer anderen Gewürzen wird es nie langweilig.

Perfekt auch als Sauce

Das Rösten im Ofen ist eine ideale Möglichkeit, Gemüse geschmacksintensiv zu garen. Denn anders als beim Kochen gehen dabei weder Geschmack noch Aromen ins Kochwasser über, sondern verbleiben komplett dort, wo sie bleiben sollen: im Gemüse. Wer das weiche Gemüse anschließend mit etwas Brühe, Sahne, Kokosmilch oder auch einfach etwas Öl, Essig und Süße püriert, erhält eine köstliche Gemüsesauce. Das Rezept für die Karamellisierte-Ofentomaten-Sauce rechts macht es vor!

Augen auf bei den Garzeiten

Feste Gemüsesorten wie Karotten, Sellerie, Rote Bete oder Pastinaken benötigen tendenziell eine längere Garzeit als weiches Gemüse wie zum Beispiel Zucchini oder Tomaten. Je nachdem, welche Konsistenz gewünscht ist, gern das Gemüse nacheinander in die Ofenform geben, sodass es dann gleichzeitig fertig ist.

Basisrezept Ofengemüse

FÜR 4 PORTIONEN

1–1,5 kg gemischtes Gemüse in Stücken (z. B. 3 kleine Zucchini, 1 Aubergine, 2 Paprikaschoten, 1–2 Handvoll Brokkoliröschen, 250 g Kirschtomaten, 1 Zwiebel) mit **4 EL Olivenöl** und **1 TL Salz** vermengen. Nach Wunsch **1 geriebene Knoblauchzehe** und **Chiliflocken nach Geschmack** unterheben. Für eine süßsäuerliche Note **2 EL Balsamicoessig** (oder anderen Essig oder Zitronensaft) und **2 EL Ahornsirup** unterheben. Das Gemüse im Backofen bei 200 °C 35–40 Minuten rösten, zwischendurch einmal vermengen.

Ofengemüse als Sauce: karamellisierte Tomaten

FÜR 4 PORTIONEN

1 kg kleine Kirschtomaten waschen, in eine Ofenform legen und mit **4 EL Olivenöl, 2 EL Balsamicoessig, 2 EL Ahornsirup, 1 TL Salz** sowie **Chiliflocken oder frischer Chili nach Geschmack** vermengen.
2 fein gehackte Schalotten und **2 fein gehackte Knoblauchzehen** unterheben.
Im Backofen bei 200 °C 40 Minuten rösten. Die Tomaten samt Sud mit frisch gekochten Nudeln vermengen oder vorher mit dem Sud fein pürieren.

FRÜHLING:

Spargel und Parmesan

FÜR 4 PORTIONEN

1 kg grünen Spargel von den holzigen Enden befreien, in eine Ofenform legen und mit **4 EL Olivenöl, 1 TL Salz** sowie **1 TL Ahornsirup** vermengen. Im Backofen bei 200 °C rund 30 Minuten rösten, zwischendurch einmal vermengen, sodass der Spargel gleichmäßig gart. Besonders dünne Stangen sind bereits nach 20 Minuten fertig, bitte zwischendurch eine Garprobe machen. Den warmen Spargel auf eine Platte legen und mit **50 g frisch gehobeltem Parmesan** bestreut servieren.

PROBIER'S MIT: Lachs aus der Pfanne oder frischer Pasta mit einem Klecks Schmand

SOMMER:

Paprika, Pfirsich und Tomate

FÜR 4 PORTIONEN

4 große Paprikaschoten in Streifen und **1 rote Zwiebel** in Streifen mit **250 g Kirschtomaten** in eine Ofenform geben. Mit **4 EL Olivenöl, 2 EL Balsamicoessig, 2 EL Ahornsirup, 1 fein gehackten Knoblauchzehe, 1 TL Salz** und **½ TL Baharat-Gewürzmischung** (alternativ Paprika edelsüß und Chiliflocken) vermischen. Im Backofen bei 200 °C 30 Minuten rösten. Nach 30 Minuten **2 große Pfirsiche** in Spalten unterheben. Weitere 10 Minuten rösten. Das fertige Ofengemüse mit **4 EL Basilikumblättern** vermengen.

PROBIER'S MIT: Grillfleisch, Fisch, Bulgur, Quinoa, cremigen Käsesorten

HERBST:

Rote Bete, Zwetschgen und Zwiebeln

FÜR 4 PORTIONEN

1,4 kg Rote Bete, geschält und in Spalten, mit **5 Zwetschgen,** entsteint und halbiert, in einer großen Ofenform mischen. **2 rote Zwiebeln** in Spalten unterheben. Mit **4 EL Olivenöl, 1 TL Salz, 2 EL Balsamicoessig, 2 EL Ahornsirup** sowie **2 Prisen Ras el Hanout** vermischen und im Backofen bei 200 °C 45 Minuten rösten. Nach der Hälfte der Garzeit alles einmal vermengen. Das Rote-Bete-Gemüse warm oder lauwarm servieren. Ergänzt um einige Radicchioblätter und etwas Blauschimmelkäse entsteht ein wunderbarer Herbstsalat!

PROBIER'S MIT: Fleisch, Fisch, cremigen Käsesorten, als Belag für die Weiße Express-Pizza (S. 204) nach dem Backen

WINTER:

Rosenkohl und Bergkäse

FÜR 4 PORTIONEN

1 kg Rosenkohl, halbiert, in einer Ofenform mit **4 EL Olivenöl, 1 TL Salz, 1 Spritzer Zitronensaft** und **1 TL Ahornsirup** vermengen. Im Backofen bei 200 °C 30 Minuten rösten, nach der Hälfte der Garzeit einmal umrühren. Den Rosenkohl mit **80 g frisch gehobeltem Bergkäse** bestreuen und weitere 10–15 Minuten überbacken.

PROBIER'S MIT: grober italienischer Bratwurst oder Kartoffelstampf

Wirsing-Pasta mit knusprigen Nussbröseln

Im Herbst und Winter dürfen sich auch die Pastagerichte den kühleren Temperaturen anpassen: Anstelle von Tomatensauce und Sommergemüse begleitet hier ein deftiger Parmesan-Rahmwirsing die Nudeln. Das i-Tüpfelchen sind die buttrigen Nussbrösel, die – einmal entdeckt – anschließend sicher häufiger zum Einsatz kommen ...

FÜR 4 PORTIONEN

Nussbrösel
40 g Cashewkerne
40 g grobe Semmelbrösel oder Panko
40 g weiche Butter
2 Prisen Salz

Parmesan-Rahmwirsing
2 mittelgroße Zwiebeln
2 Knoblauchzehen
1 kleiner Kopf Wirsing (600 g)
2 EL Olivenöl
1 TL Salz
400 ml Gemüsebrühe
250 g Crème fraîche
100 g Parmesan, frisch gehobelt

Außerdem
400 g Dinkel-Spirelli

Für die Nussbrösel die Cashews je nach Vorliebe grob bis fein hacken und in einer Schale mit Semmelbröseln, Butter und etwas Salz verkneten. Die Brösel in eine beschichtete Pfanne geben und rundherum goldbraun rösten, dabei zwischendurch umrühren. Umfüllen und abkühlen lassen.

Für den Rahmwirsing die Zwiebeln und den Knoblauch schälen und fein würfeln. Die Blätter vom Wirsing ablösen, waschen, trocken tupfen und die dicken Blattrippen herausschneiden. Die Blätter in grobe Streifen schneiden.

Das Öl in einer großen beschichteten Schmorpfanne oder in einem großen Topf erhitzen und die Zwiebel- sowie Knoblauchwürfel darin 5 Minuten glasig dünsten. Den Wirsing zugeben, salzen, die Gemüsebrühe angießen und den Wirsing im geschlossenen Topf 8–10 Minuten köcheln lassen. Die Brühe abgießen und auffangen. Crème fraîche zugeben, unterheben und den Kohl weitere 5 Minuten bei schwacher Hitze köcheln lassen. Zwei Drittel vom Parmesan unter den Rahmwirsing heben und schmelzen lassen, dabei darauf achten, dass er nicht anbrennt.

Parallel zum Wirsing die Nudeln nach Packungsanleitung garen. Dann abgießen, sorgfältig abtropfen lassen und unter den Parmesan-Wirsing heben. Sollte noch etwas Flüssigkeit benötigt werden, etwas aufgefangene Wirsingbrühe untermengen. Abschmecken und mit den Nussbröseln und den übrigen Parmesanhobeln servieren.

Wirsing	**Spitzkohl, Weißkohl, Puntarelle, Spinat oder Mangold**

Petersilienwurzelsuppe mit Apfel und Walnuss-Crunch

Petersilienwurzeln liegen geschmacklich irgendwo zwischen Sellerie und Pastinaken. Sie schmecken einerseits würzig, andererseits auffallend süß und lieben daher fruchtige Partner – und hier kommt der Apfel ins Spiel! Er köchelt in dieser Suppe mit Petersilienwurzeln, Zwiebel, Kartoffeln und Champignons und gibt ihr den perfekten süßsäuerlichen Geschmack.

FÜR 4 PORTIONEN

Suppe
1 Gemüsezwiebel
500 g Petersilienwurzeln
300 g festkochende Kartoffeln
250 g Champignons
1 süßsäuerlicher Apfel
2 EL Olivenöl
Salz
1 l Gemüsebrühe
200 g Schmand
frisch gemahlener schwarzer Pfeffer

Walnuss-Topping
40 g Walnusskerne
4 Zweige Thymian oder Zitronen-Thymian
1 Prise Salz
1 EL Olivenöl

Die Zwiebel schälen und würfeln. Die Petersilienwurzeln putzen, schälen und in Scheiben schneiden, die Kartoffeln schälen und würfeln. Die Champignons mit einem feuchten Tuch abreiben, die Stielenden entfernen und die Pilze vierteln. Den Apfel waschen, entkernen und würfeln.

Das Öl in einem großen Topf erhitzen und die Zwiebelwürfel darin 5 Minuten glasig dünsten. Das Gemüse zugeben, kurz mitdünsten, dann 1 TL Salz zugeben und die Gemüsebrühe angießen. Das Gemüse etwa 25 Minuten im halb geschlossenen Topf weich köcheln.

Währenddessen für das Topping die Walnusskerne grob hacken. Den Thymian waschen und trocken schütteln. Das Öl in einer kleinen beschichteten Pfanne erhitzen und die Walnusskerne darin rösten. Die Thymianblättchen abstreifen und zugeben. Den Walnuss-Kräuter-Mix salzen und abkühlen lassen.

Das Gemüse nach dem Kochen in der Brühe fein pürieren. Den Schmand untermixen und alles mit Salz und Pfeffer abschmecken. Die Suppe mit dem Walnuss-Kräuter-Topping anrichten und servieren.

Petersilienwurzeln	**Pastinaken, Knollensellerie, Schwarzwurzel, Spitzkohl, Weißkohl, Kohlrabi oder Fenchel**
Champignons	**Shiitakepilze**
Thymian	**Rosmarin**

NO-WASTE-TIPPS:

So vielseitig sind Wirsing & Co.

Von großen Kohlarten wie Wirsing, Spitzkohl oder Weißkohl wird für ein Rezept häufig nicht der ganze Kopf benötigt. Vor allem der feste, innere Teil bleibt oft übrig. Was also tun mit den Kohlresten im Herbst und Winter?

MÖGLICHKEIT 1: eine **Suppe** damit kochen (siehe z. B. S. 175). Eine Suppe auf Kartoffelbasis lässt sich durch viele verschiedene Gemüsesorten ergänzen und variieren. Kleine Kohlreste, aber auch Zwiebeln, Karotten oder Champignons eignen sich hervorragend für Eintöpfe oder Cremesuppen.

MÖGLICHKEIT 2: rahmiges Gemüse. Dafür das Kohlgemüse in der Pfanne weich dünsten und mit Sahne oder Schmand, etwas Parmesan oder Bergkäse sowie Salz und Pfeffer abschmecken. Auch hier gerne verschiedene Gemüsereste mischen. Fehlt noch etwas Knuspriges? Wie wäre es mit **gerösteten Kernen oder Panko-Crunch** (S. 46)?!

REZEPT-TIPP:

Umami pur: 2 × Pilz-Ragout

Aus einer Mischung von Shiitakepilzen, Champignons und Kräuterseitlingen lässt sich ein köstliches Pilz-Ragout zubereiten.

FÜR 2–3 PORTIONEN

MEDITERRANE VARIANTE
500 g Pilze in sehr, sehr feine Würfel schneiden, man nennt sie Duxelles. Die Pilzwürfel in einer beschichteten Pfanne kräftig in **2 EL heißem Olivenöl** anbraten. **1 gehackte Knoblauchzehe** sowie **1 gehackte Zwiebe**l zugeben und mitbraten. Wer mag, gibt jetzt auch **1 TL fein gehackte frische Kräuter** (Thymian, Oregano, Rosmarin) dazu und brät sie kurz mit. **3-4 EL Tomatenmark** sowie **250 g passierte Tomaten** hinzufügen und offen 30 Minuten bei schwacher Hitze einköcheln lassen. Kräftig mit **Salz**, **Pfeffer** und **etwas Ahornsirup** für die Süße abschmecken. Wer mag, brät zusammen mit Zwiebel und Knoblauch auch klassisch **fein gehackte Karotten und gehackten Staudensellerie** mit an.

ASIATISCHE VARIANTE
500 g Pilz-Duxelles (siehe Rezept oben) in **2 EL geröstetem Sesamöl** anbraten. Mit einer Mischung aus **3 EL Sojasauce**, **1 EL Ahornsirup** und **1 TL Chilisauce** ablöschen und kurz einköcheln lassen, dabei aufpassen, dass nichts ansetzt. Mit etwas **Limetten- oder Zitronensaft** abschmecken und mit **asiatischen Mie- oder Udon-Nudeln** servieren. Dazu passen **gerösteter Sesam** und **fein geschnittene Frühlingszwiebeln** on top.

Shiitake: der Asiate mit dem kräftigen Aroma

Shiitakepilze stammen ursprünglich aus Japan und China, werden aber inzwischen auch in Deutschland, Österreich und der Schweiz ganzjährig angeboten und regional angebaut. Sie wachsen an Laubbäumen wie zum Beispiel Walnuss, Ahorn, Buche oder Eiche. **Damit Shiitakepilze ihr volles Aroma entfalten, müssen sie gebraten oder gedünstet werden.** Im Vergleich zu Champignons, Austernpilzen und Kräuterseitlingen haben Shiitakepilze wohl den kräftigsten Pilzgeschmack.

NO-WASTE-TIPP:

Kürbisreste kreativ verwerten

Herbstzeit ist Kürbiszeit: Hokkaido, Butternut & Co. haben jetzt Hochsaison und warten auf ihren Einsatz in der Küche, zum Beispiel **als Kürbisflammkuchen, Tarte** (S. 134), **Express-Pizza** (S. 204) **oder Ofen-Kürbis** (S. 166).
Aus möglichen Resten lassen sich ganz unkompliziert leckere Dips und Aufstriche machen. Dafür einfach gekochten Hokkaido- oder Butternutkürbis pürieren und mit etwas Frischkäse oder Schmand verrühren.

Zum Würzen eignen sich neben Salz und Pfeffer auch fruchtiges Currypulver oder orientalische Gewürze wie Ras el Hanout, Kreuzkümmel oder Baharat. Auch **eine schnelle Pastasauce aus püriertem Kürbisfruchtfleisch, Sahne oder Kokosmilch schmeckt wunderbar (Butternut-Linguine mit Kokos und Tomate, S. 191).** Das gleiche Prinzip funktioniert übrigens auch mit gekochten Süßkartoffeln, die sich ebenfalls hervorragend zu Saucen, Dips oder Suppen verarbeiten lassen.

Schmelzzwiebel-Bergkäse-Galette

Im Herbst ist Zeit für Zwiebelkuchen. Für diese Variante braucht es nicht einmal eine Form: Der Teig wird einfach rund ausgerollt, am besten gleich auf einem Bogen Backpapier. Die Zwiebel-Bergkäse-Masse kommt in die Mitte und der Teig wird leicht nach innen darübergeklappt – fertig ist die französische Galette. Perfekt, wenn sich Besuch angekündigt hat.

FÜR 4 PORTIONEN

Teig
250 g Mehl Type 405
1 TL Salz
100 g kalte Butter, in Würfeln
50 ml eiskaltes Wasser

Füllung
800 g Zwiebeln (8–10 Stück)
2 EL Öl
Salz
125 g Schmand
125 g kräftiger Bergkäse, frisch gerieben
frisch gemahlener schwarzer Pfeffer
1 Eigelb

Aus Mehl, Salz, kalten Butterwürfeln und Wasser einen Teig kneten, zu einer Kugel formen und abgedeckt im Kühlschrank 30–60 Minuten ruhen lassen.

In der Zwischenzeit die Füllung zubereiten. Dafür die Zwiebeln schälen und in Streifen schneiden. Das Öl in einer großen beschichteten Pfanne erhitzen und die Zwiebeln darin langsam glasig dünsten, 1 TL Salz zugeben. Nach und nach die Hitze erhöhen, sodass die Zwiebeln leicht braten und Farbe annehmen. Wenn die Zwiebeln weich sind, den Schmand unterrühren. Dann Käse hinzufügen, ebenfalls unterheben und schmelzen lassen. Die Zwiebeln mit Salz und Pfeffer abschmecken und vom Herd nehmen.

Den Ofen auf 200 °C vorheizen. Den Teig rund (Ø 40–45 cm) auf einem Bogen Backpapier ausrollen, dann das Backpapier mit dem Teigboden auf ein Blech legen. Die geschmorten Zwiebeln mittig verstreichen, dabei nach außen hin einen etwa 4 cm breiten Rand frei lassen. Diesen nach innen über die Füllung einklappen. Das Eigelb verquirlen und Teigoberfläche damit einstreichen, damit sie im Ofen eine goldbraune Farbe annimmt.

Die Zwiebelgalette etwa 30 Minuten im heißen Ofen backen. Herausholen, 10–15 Minuten bei Raumtemperatur ruhen lassen, dann servieren.

Zwiebeln	**Lauch, Paprika, Zucchini, Kirschtomaten oder Spitzkohl**

11
November

Ofen-Rosenkohl mit Cranberrys und Feta

Wir brauchen gar nicht lange drum herumzureden: Rosenkohl hat's schwer. Für Kinder ist er ohnehin (meist) ein rotes Tuch und auch Erwachsene zählen ihn selten zu ihren Lieblingsgemüsesorten. Doch das könnte sich ändern – wenn man Rosenkohl einfach mal anders zubereitet und kombiniert! Nicht weich gekocht im Topf, sondern kross gebacken im Ofen mit süßsauren Cranberrys, crunchy Cashewkernen und einem Hauch von Ahornsirup-Karamell ... Na, wie wär's?!

FÜR 4 PORTIONEN ALS VORSPEISE

Ofen-Rosenkohl
1 kg Rosenkohl
1 große rote Zwiebel
1 TL Salz
4 EL Olivenöl
1 EL Ahornsirup
1 EL dunkler Balsamicoessig
4 EL Soft-Cranberrys

Topping
4 EL grob gehackte Cashewkerne
Salz
½ TL Ahornsirup
200 g Feta oder cremiger Hirtenkäse aus Kuhmilch

Den Ofen auf 200 °C vorheizen.

Den Rosenkohl waschen, die Wurzelenden knapp entfernen und die Röschen halbieren. Die Zwiebel schälen und in Spalten schneiden. Rosenkohl und Zwiebelspalten mit allen anderen Zutaten für den Ofen-Rosenkohl in eine große Auflaufform geben und alles vermischen. Im heißen Ofen 25 Minuten rösten.

In der Zwischenzeit für das Topping die Cashewkerne mit 1 Prise Salz und dem Ahornsirup vermengen. Den Feta grob zerbröseln.

Nach 25 Minuten Backzeit den Rosenkohl in der Form einmal vermengen. Die Kerne und Fetabrösel gleichmäßig zwischen den Röschen verteilen und alles weitere 10 Minuten rösten.

Den Ofen-Rosenkohl mit geröstetem Brot servieren.

Soft-Cranberrys	**Soft-Aprikosen, Soft-Datteln oder Soft-Sauerkirschen**
Rosenkohl	**Blumenkohl- oder Brokkoliröschen, Grünkohl, Süßkartoffelwürfel (gern mit etwas Schärfe kombinieren)**

Steckrüben-Karotten-Suppe mit Mettenden

Die Steckrübe ist ein echter Suppenliebling! Ihre feinen und würzigen Senfnoten harmonieren wunderbar mit süßen Karotten und etwas fruchtigem Apfel – ein wahres Dreamteam in dieser wärmenden Wintersuppe. Der Clou: Sie funktioniert rustikal nur halb püriert als stückiger Eintopf oder ganz fein gemixt als cremige Suppe – probier's mal aus!

FÜR 4 PORTIONEN

1 Gemüsezwiebel
1 mittelgroße Steckrübe (ca. 1 kg)
1 kg Karotten
1 Apfel (z. B. Elstar oder Topaz)
2 EL Sonnenblumenöl
Salz
1,5 l Gemüse- oder Geflügelbrühe
200 g Schmand
1 EL Ahornsirup
1 EL Apfel-Balsamico
frisch gemahlener schwarzer Pfeffer

Außerdem
4 Mettenden (à 100 g)
4 EL Frühlingszwiebelringe
4 EL fein gehackte glatte Petersilie

Die Gemüsezwiebel schälen und würfeln. Steckrübe und Karotten schälen und putzen, den Apfel waschen und vom Kerngehäuse befreien. Gemüse sowie Apfel in kleine Würfel schneiden.

Das Öl in einem großen Topf erhitzen und die Zwiebelwürfel darin rund 5 Minuten glasig dünsten, zwischendurch umrühren. Steckrüben- sowie Karottenwürfel dazugeben, unterrühren und kurz mitdünsten. Dann den Apfel und 1 TL Salz unterheben und die Brühe angießen.

Das Gemüse im halb geschlossenen Topf etwa 35 Minuten weich köcheln, dann den Schmand untermengen und die Suppe nach Wunsch grob oder fein pürieren. Mit etwas Ahornsirup, Apfel-Balsamico sowie Salz und Pfeffer abschmecken.

Die Mettenden schräg in 2 cm dicke Scheiben schneiden. Ohne zusätzliches Fett in einer beschichteten Pfanne auslassen und von beiden Seiten braten. Die warme Suppe mit den gebratenen Würstchen, den Frühlingszwiebelringen und der Petersilie anrichten und direkt servieren.

Steckrübe	**bunter Wurzel-Mix aus Petersilienwurzeln, Pastinaken, Topinambur und Schwarzwurzeln; Knollensellerie**
Apfel	**Birne**

Steckrübe mal anders

Wegdes zum Snacken lieben wir alle! Auch mit Steckrüben funktionieren sie wunderbar: Dafür die Knolle in Ecken oder Wedges (nicht dicker als 2 cm) schneiden und mit etwas Salz, Paprika- oder Currypulver und Öl vermengen. Die Wedges nebeneinander in eine Ofenform legen und im heißen Ofen bei 200 °C etwa 30 Minuten rösten. Zwischendurch einmal vermengen, sodass sie gleichmäßig Farbe annehmen und nicht zu dunkel werden. Nach dem Backen 5 Minuten abkühlen lassen und mit **Kräuterquark** (S. 65) oder einer schnell gemixten **Mayonnaise** (S. 47) servieren.

Neu entdeckt: 3 Tricks mit Rosenkohl

Rosenkohl wird häufig mit einem eher weniger ansprechenden Kohlgeschmack verbunden – aber völlig zu Unrecht! Denn richtig zubereitet ist er ein äußerst vielseitiges und köstliches Wintergemüse. Hier drei spannende Ideen für Rosenkohl:

ROSENKOHL IM OFEN RÖSTEN: Die vorbereiteten Röschen mit Olivenöl, Salz und Gewürzen nach Wunsch im Ofen rösten. Bei 200 °C brauchen sie rund 35 Minuten, gern nach der Hälfte der Garzeit einmal wenden, sodass die Röschen gleichmäßig Farbe annehmen und nicht verbrennen (hier bei Gewürzen aufpassen!). Nach dem Backen den Rosenkohl wahlweise mit einer fruchtigen oder würzigen Marinade vermengen oder aber für die letzten 10 Minuten im Ofen mit gehobeltem Parmesan überbacken.

ROSENKOHL ALS SALAT: Der im Ofen geröstete Rosenkohl kann in Kombination mit gerösteten Walnusskernen, Radicchiosalat, Weintrauben und hauchdünnen roten Zwiebelstreifen als lauwarmer Salat serviert werden. Gern mit gehobeltem Parmesan, Bergkäse oder Pecorino vollenden.

ROSENKOHL MIT FRÜCHTEN KOMBINIEREN: Wie im Rezept mit den getrockneten Cranberrys beschrieben (S. 182), passen viele Früchte zu Rosenkohl. In der kalten Saison bieten sich besonders Birne, Apfel, Orange, Mandarine, Blutorange, Granatapfel oder Cranberrys an.

EXPRESS-REZEPT:

Smashed Rosenkohl mit Parmesan

Was mit Kartoffeln als Smashed Potatoes wunderbar funktioniert, schmeckt auch mit Rosenkohl richtig gut. Dafür **gegarte Rosenkohlröschen** (entweder frisch gekocht und etwas abgekühlt oder aus dem Restefundus) auf ein mit Backpapier belegtes Blech setzen. Die Röschen mit dem Handballen platt drücken, dann leicht **salzen**, mit **Olivenöl** beträufeln und mit **Parmesanhobeln** bestreuen. Die gequetschten Röschen im Ofen bei 200 °C etwa 25 Minuten knusprig backen.

Was tun mit Schwarzwurzeln?

Der Anblick der Schwarzwurzel wirft erst mal Fragen auf: Kann ich diese dunkle, faserige Schale mitessen? Wenn nein, wie kriege ich die Schale ab und wie kann ich dieses Wurzelgemüse wohl am besten zubereiten?

Hier kommen die Antworten: Nein, die Schale isst man nicht mit. Die Schwarzwurzeln also zuerst mit einem Sparschäler oder einem scharfen Messer von der dunklen Schale befreien. Da die Stangen beim Schälen einen milchig-klebrigen Saft absondern, macht es Sinn, bei der Verarbeitung Küchenhandschuhe zu tragen. Die geschälten weißen Wurzeln dann sofort in eine Schüssel mit Wasser und einem Schuss Zitronensaft oder Apfelessig legen, damit sie an der Luft nicht braun werden. **Jetzt lassen sie sich (genau wie andere Wurzeln) kochen, dünsten, braten, grillen oder auch zu Suppen und Currys (S. 195) verarbeiten.** Roh schmecken Schwarzwurzeln allerdings nicht, sie sind zäh und auch nicht bekömmlich.

Chinakohl-Ramen mit Mie-Nudeln

Diese schnellen Chinakohl-Ramen gelingen in wenigen Minuten und wärmen richtig schön auf! Durch Ingwer, Sojasauce und Sesamöl erhält das Gemüse eine typisch asiatische Würze – und die frischen Kräuter on top dürfen natürlich nicht fehlen! Das Gemüse kann beliebig variiert werden, auch kleine Reste von Wurzelgemüse, Paprika oder Kohl passen perfekt in diese Suppe..

FÜR 4 PORTIONEN

Suppe
1 große Gemüsezwiebel
2 Knoblauchzehen
1 Stück Ingwer (ca. 5 cm)
1 mittelgroßer Chinakohl (ca. 600 g)
1 rote Paprikaschote
2 Karotten
2 EL geröstetes Sesamöl
½ TL Salz
1,5 l Gemüsebrühe
50 ml Sojasauce, plus etwas zum Abschmecken
3 Kaffirlimettenblätter (wenn vorhanden)
3 Frühlingszwiebeln
250 g Mie-Nudeln

Zum Abschmecken
Sojasauce nach Geschmack
1 gehäufter TL helle Misopaste
Chiliflocken oder Chilisauce nach Geschmack
1 TL Ahornsirup
1 TL geröstetes Sesamöl

Topping
8 EL frische Kräuter nach Wahl (z. B. Shiso, vietnamesischer Koriander, Koriander, Thai-Basilikum, glatte Petersilie)

Gemüsezwiebel, Knoblauch und Ingwer schälen und fein würfeln. Den Chinakohl waschen und in feine Streifen schneiden. Die dickeren Segmente rund um den Strunk wahlweise aussparen und mit einer scharfen Chilimarinade zu einem schnellen Salat verarbeiten (S. 95). Die Paprika und Karotten waschen. Die Paprika entkernen und in kurze, feine Streifen schneiden, die Karotten schälen und in feine Julienne hobeln.

Das Sesamöl bei mittlerer Hitze in einem großen Topf erhitzen. Die Zwiebel-, Knoblauch- sowie Ingwerstücke zugeben und bei schwacher Hitze 5 Minuten glasig dünsten, zwischendurch umrühren. Chinakohl, Paprikastreifen und Karottenjulienne zum Zwiebelansatz geben, kurz mitdünsten und salzen. Die Gemüsebrühe und die Sojasauce angießen und das Gemüse 5 Minuten köcheln lassen. Dabei, wenn vorhanden, gern die Kaffirlimettenblätter mitziehen lassen und anschließend entfernen.

Die Frühlingszwiebeln waschen, die Wurzelenden entfernen und die Stangen schräg in feine Streifen schneiden. Den weißen Teil in die Suppe geben, den grünen Teil für später zum Anrichten beiseitelegen.

Die Mie-Nudeln in die heiße Suppe geben und 5 Minuten darin ziehen lassen, bis sie weich sind. Die Ramen mit Sojasauce, Misopaste (mit der warmen Suppenbasis glatt gerührt), Chili, Ahornsirup und geröstetem Sesamöl abschmecken und mit den grünen Frühlingszwiebelringen und frischen Kräutern angerichtet servieren.

Chinakohl	**Pak Choi, Weiß- oder Spitzkohl**
Karotten	**Pastinaken, grüner Spargel oder Petersilienwurzeln**

Butternut-Linguine mit Kokos und Tomate

Es gibt viele Gemüsesorten, die sich wunderbar für Pastasaucen eignen. Überraschung – es sind vor allem die Sorten, die auch als cremige Suppe sehr gut schmecken. Hier landet der Butternutkürbis zusammen mit pikanter Tomate im Nudeltopf und wird mit Kokosmilch cremig verfeinert. Extrapraktisch: Die Sauce im Rezept ist großzügig bemessen. Sollte also etwas übrig bleiben, einfach am nächsten Tag mit etwas Gemüsebrühe strecken und als Suppe servieren.

FÜR 4 PORTIONEN

Butternutsauce

1 mittelgroße Zwiebel
2 Knoblauchzehen
1 mittelgroßer Butternutkürbis (geschält ca. 750 g)
3 EL Olivenöl
80 g Tomatenmark
1 TL Salz
250 ml Kokosmilch
2 EL Sojasauce
1 EL Ahornsirup
1 EL Chilisauce oder frische Chili
1–2 Msp. Paprikapulver edelsüß

Außerdem

1 Frühlingszwiebel
8 EL Kürbiskerne
400 g Linguine

Optional

gebratene Kirschtomaten oder Eingelegte Tomaten (S. 141) zum Anrichten

Für die Butternutsauce Zwiebel und Knoblauch schälen und fein würfeln. Den Kürbis schälen, entkernen und grob würfeln. Das Öl in einem großen Topf erhitzen und die Zwiebel- sowie Knoblauchwürfel darin bei schwacher Hitze 5 Minuten glasig dünsten, zwischendurch umrühren. Die Kürbiswürfel zugeben, die Temperatur etwas erhöhen und das Gemüse rundherum leicht anbraten. Tomatenmark und Salz hinzufügen, alles gut vermengen und mit der Kokosmilch ablöschen. Den Gemüse-Kokos-Mix gut vermengen und im geschlossenen Topf bei schwacher bis mittlerer Hitze etwa 30 Minuten köcheln lassen, zwischendurch ein- bis zweimal umrühren.

In der Zwischenzeit die Frühlingszwiebel zum Anrichten waschen, vom Wurzelende befreien und schräg in feine Ringe schneiden. Die Kürbiskerne in einer beschichteten Pfanne ohne Fett rösten. Die Linguine in kochendem Salzwasser garen, allerdings 1 Minute vor Ende der Garzeit abgießen. Abtropfen lassen und zurück in den Topf geben.

Das weiche Gemüse in der Kokosmilch fein pürieren und mit Sojasauce, Ahornsirup, Chili und Paprikapulver abschmecken. Einen Teil der Sauce zu den Nudeln geben und diese darin etwa 1 Minuten fertig garen, sodass sich Linguine und Sauce gut verbinden.

Die Butternut-Linguine mit der restlichen Sauce, Frühlingszwiebelringen sowie gerösteten Kürbiskernen anrichten und direkt servieren. Lecker dazu: gebratene und karamellisierte Kirschtomaten.

Butternut	Hokkaido oder Karotten
Frühlingszwiebel	Schnittlauch

Gemüsegärtner.de

Butter-Chicken mit Schwarzwurzeln

Butter-Chicken gehört zu den wohl bekanntesten Rezepten der indischen Küche. In vielen Varianten spielt Gemüse kaum oder gar keine Rolle. Hier aber wird der Mix aus cremig-würziger Tomaten-Kokos-Sauce und mariniertem Hähnchen um köstliches Wurzelgemüse ergänzt.

FÜR 4 PORTIONEN

800 g Hähnchenbrustfilet oder ausgelöstes Keulenfleisch
Salz
3 EL Naturjoghurt
7 EL Olivenöl
2½ EL rote Thai-Currypaste
2 TL Ahornsirup
1½ EL frisch geriebener Knoblauch-Ingwer-Mix (1:1)
2 Zwiebeln
3 EL Tomatenmark
500 g passierte Tomaten
250 ml Kokosmilch
Geflügelbrühe nach Bedarf zum Verlängern
600 g Schwarzwurzeln
1 EL Zitronensaft
400 g Karotten
3 gehäufte EL Butter
150 g griechischer Joghurt
4 EL frische Korianderblätter (alternativ Petersilie)

Hähnchen am Vorabend bzw. mindestens 1 Stunde vorher marinieren: Fleisch in mundgerechten Stücken mit Salz, Joghurt, 2 EL Olivenöl, ½ EL Currypaste, 1 TL Ahornsirup und ½ EL Knoblauch-Ingwer-Mix vermengen. Abgedeckt im Kühlschrank ruhen lassen.

Zwiebeln schälen, in Streifen schneiden. 3 EL Öl in einem großen Topf erhitzen, Zwiebeln darin unter Rühren 5 Minuten dünsten. Restlichen Knoblauch-Ingwer-Mix (1 EL) zugeben, mit anschwitzen. Tomatenmark und übrige Currypaste (2 EL) ebenfalls zufügen, anschwitzen. Mit passierten Tomaten und Kokosmilch ablöschen, zum Köcheln bringen. Wenn nötig, mit etwas Brühe verlängern.

Schwarzwurzeln schälen (Handschuhe tragen!), in eine Schale mit Zitronen-Wasser geben, damit sie sich nicht verfärben. Karotten schälen, mit der Hälfte der Schwarzwurzeln in Scheiben schneiden. In den Tomaten-Sud geben, 20 Minuten mitköcheln lassen.

Restliches Öl (2 EL) in einer beschichteten Pfanne erhitzen. Das marinierte Hähnchen von allen Seiten 8–12 Minuten braten. Das Fleisch samt Bratensatz in den Gemüse-Sud geben und 5 Minuten bei schwacher Hitze mitköcheln.

Übrige Schwarzwurzeln mit dem Sparschäler in dünne Streifen hobeln. Butter in einer beschichteten Pfanne aufschäumen, Wurzelstreifen goldbraun braten. Leicht salzen.

Sauce mit restlichem Ahornsirup (1 TL) und Salz abschmecken, mit den Schwarzwurzelstreifen und der warmen Butter anrichten. Dazu passen griechischer Joghurt sowie frischer Koriander.

TAUSCH MAL

Schwarzwurzeln	**bunte Karotten, Petersilienwurzeln oder Topinambur**

12
Dezember

Waldorfsalat deluxe

Im klassischen Waldorfsalat wird der Hauptdarsteller Sellerie roh verarbeitet. In dieser Variante bekommt der Sellerie allerdings eine zweite Bühne und zeigt sich von einer ganz neuen Seite: Ein Teil der Knolle wird nämlich mit Olivenöl und Salz im Ofen geröstet und kommt lauwarm mit in den Salat. Dazu passt gebratenes Maishähnchen, auf der Haut gebratener Lachs, Räucherlachs oder Stremellachs oder geräucherte Forelle.

FÜR 4 PORTIONEN

Waldorfsalat

2 mittelgroße Sellerieknollen (à ca. 500 g mit Schale)
3 EL Olivenöl
Salz
2 Äpfel
2 Frühlingszwiebeln
150 g Schmand
3 EL Mayonnaise (S. 47)
1 TL Apfelessig
1 TL Ahornsirup
1 guter Spritzer Zitronensaft
1 Msp. Abrieb von 1 Bio-Zitrone
frisch gemahlener schwarzer Pfeffer

Karamellisierte Walnüsse

80 g Walnusskerne
1 TL Ahornsirup
1 gute Prise Salz

Den Ofen auf 200 °C vorheizen.

Die Sellerieknollen schälen und noch mal waschen, falls sich noch Sand von der Schale am Sellerie befindet. Eineinhalb Knollen (ca. 500 g geschältes Gewicht) in kleine Ecken schneiden und in einer Ofenform mit dem Olivenöl und 1 TL Salz vermengen. Im heißen Ofen 40–45 Minuten rösten, anschließend 15–30 Minuten lauwarm abkühlen lassen. In eine große Schüssel geben.

Den Ofen nach dem Rösten nicht ausstellen, sondern die Wärme für die karamellisierten Nüsse nutzen: Dafür die Walnusskerne mit Ahornsirup und Salz vermengen und auf ein mit Backpapier ausgelegtes Blech geben. Im heißen Ofen 10 Minuten goldbraun rösten, dann aus dem Ofen nehmen und abkühlen lassen.

Für den Salat die übrige halbe Sellerieknolle in feine Julienne schneiden oder hobeln. Die Äpfel waschen, entkernen und in hauchdünne Scheiben schneiden. Die Frühlingszwiebeln waschen, die Wurzelenden entfernen und die Stangen leicht schräg in feine Ringe schneiden. Selleriestreifen, Apfelspalten und Frühlingszwiebelringe zu den gebackenen Sellerieecken in die Schüssel geben.

Schmand, Mayonnaise, Apfelessig, Ahornsirup, Zitronensaft sowie Zitronenabrieb zu einer Sauce verrühren und kräftig mit Salz und Pfeffer abschmecken. Zusammen mit den karamellisierten Walnüssen zu den Salatzutaten in der Schüssel geben und alles vermengen. Den Waldorfsalat direkt servieren.

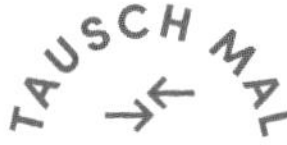

Äpfel	**Birnen oder 250 g Trauben**
Knollensellerie	**Petersilienwurzeln oder ein Mix aus Karotten, Roter Bete und Pastinaken**

Grünkohl mit allem drum und dran

Winterzeit ist Grünkohlzeit! Mit diesem Rezept bleibt der Abwasch übersichtlich, denn alle Zutaten werden einfach zusammen mit dem frischen Kohl in einem Topf gekocht. Speck, Würstchen und Kassler lassen Grünkohl und Kartoffeln besonders kräftig schmecken. Wer das Rezept vegetarisch zubereiten möchte, gibt statt Fleisch und Wurst zerbröselten Räuchertofu mit zum Grünkohl-Kartoffel-Mix und schmeckt den Eintopf anschließend mit Senf und einer guten Prise Hefeflocken ab.

FÜR 4 PORTIONEN

150 g geräucherte Schinkenspeckwürfel
1 Gemüsezwiebel
1,5 kg Grünkohl
500 ml kräftige Gemüsebrühe
1 kg festkochende Kartoffeln
2 gehäufte TL Senf
Salz
frisch gemahlener schwarzer Pfeffer
8 kleine Mettenden, Räucherenden oder Kohlwurst nach Geschmack
Kassler nach Wunsch

Die Schinkenwürfel in einen großen Topf geben, bei mittlerer Hitze langsam auslassen und ca. 10 Minuten im eigenen Fett braten.

Inzwischen die Gemüsezwiebel schälen und würfeln. Den Grünkohl waschen, von dicken Stielen befreien und in kleine Stücke zupfen oder schneiden.

Nach rund 10 Minuten die Zwiebelwürfel zum Speck in die Pfanne geben und glasig dünsten. Dann den Grünkohl zum Speck-Zwiebel-Mix geben und alles vermengen. Den Deckel auflegen, die Hitze auf schwache bis mittlere Stufe reduzieren und den Grünkohl 10 Minuten zusammenfallen lassen. Dann die Gemüsebrühe angießen und den Grünkohl 20 Minuten köcheln lassen. Währenddessen die Kartoffeln waschen, schälen und vierteln.

Den Grünkohl mit Senf, Salz und Pfeffer abschmecken. Aufpassen: Würste und Kassler geben gleich auch noch etwas Salz ab.

Kartoffeln sowie Würste zum Grünkohl geben, den Deckel halb aufsetzen und alles bei schwacher Hitze ca. 25 Minuten weitergaren. Das Kassler, wenn verwendet, erst 10 Minuten vor Ende der Garzeit in den Topf geben, damit es nicht zu trocken wird.

Den Eintopf locker und vorsichtig vermengen, dann in tiefen Tellern anrichten. Nicht vergessen, einen Löffel für die Brühe mitzudecken – der kräftige Sud schmeckt köstlich!

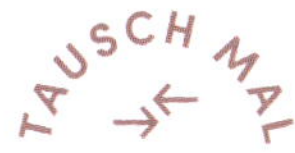

Grünkohl	**Wirsing**
Kartoffeln	**Süßkartoffeln, Schwarzwurzeln oder Karotten**

Geheimtipp Puntarelle

Dieses Wintergemüse wird meist aus Italien importiert und gehört zur Familie der Zichoriengewächse. **Die langen, weiß-grünen Blätter lassen sich in der Pfanne braten**, ebenso wie der weiße, festfleischigere untere Teil des Gemüses. **Die feinen Blättchen eignen sich auch für einen winterlichen Salat**, der durch die Bitternoten geschmacklich an Radicchio oder Chicorée erinnert. **In Italien werden die Blätter der Puntarelle gerne in Olivenöl gedünstet, mit etwas Salz gewürzt und als Gemüsebasis zum Beispiel für Pastagerichte verwendet.**

EXPRESS-REZEPT

Puntarelle-Pasta mit Parmesan

FÜR 2 PORTIONEN

2 fein gewürfelte Schalotten, 1 gehackte Knoblauchzehe sowie **4–5 kleine Sardellen aus der Dose** in **2 EL Olivenöl** in einer Pfanne anschwitzen, bis die Sardellen sich in dem warmen Sud aufgelöst haben. **250 g zerzupfte Puntarelleblätter** hinzufügen und vorsichtig 3–5 Minuten mitbraten. Währenddessen **200 g Pasta** kochen, abgießen und mit dem Pfanneninhalt vermengen. Mit schwarzem Pfeffer abschmecken und mit **50 g gehobeltem Parmesan** servieren.

Die salzig-würzigen Sardellen schmelzen im warmen Öl und geben dem Gemüse einen besonders kräftigen Geschmack.

Tausendsassa Grünkohl

Was im Frühjahr der Spargel ist, ist im Winter der Grünkohl: ein beliebtes Gemüse, das je nach Region immer etwas anders zubereitet wird. Ein kleiner internationaler Streifzug:

IN NORDDEUTSCHLAND: Hier wird er deftig mit Speck, Kassler, Kartoffeln und verschiedenen Wurstsorten wie zum Beispiel Pinkel kombiniert (S. 201). Welche Wurstsorte verwendet wird, kann in den einzelnen Regionen unterschiedlich sein.

IN ITALIEN: Weder klassisch deftig noch Superfood – in Italien bereitet man Grünkohl mediterran zu. Hier kennt man ihn unter dem Namen »Cavolo nero«. Im toskanischen Gemüseeintopf Ribollita bildet Grünkohl zusammen mit Bohnen, Kartoffeln und Brot die Basis.

IN DEN USA: Weniger deftig, dafür mit mehr Superfood-Image: In den USA wird Grünkohl gerne in Smoothies, Salaten oder in der gesunden Küche verwendet. Die Grünkohl-Chips auf der rechten Seite sind ein Paradebeispiel dafür.

REZEPT-TIPP:

Grünkohl-Chips

FÜR 4 PORTIONEN

250 g Grünkohlblätter mit etwas **Salz** und **Olivenöl** massieren und nebeneinander auf ein Blech legen. Im Ofen 20–30 Minuten bei 200 °C zu krossen Chips bzw. geröstetem Grünkohl-Gemüse verarbeiten.

REZEPT-TIPP:

Apfel-Crumble mit Eis

FÜR 2 PORTIONEN

Den Ofen auf 200 °C vorheizen. **2 gewürfelte Äpfel** in eine Ofenform geben. Wer mag, vermengt die Äpfel mit etwas **Zimt, etwas angestoßenem Kardamom** sowie **ein paar gehackten Mandeln, Walnüssen oder Rosinen**.

In einer Schale **4 EL kernige Haferflocken, 3 EL Dinkelvollkornmehl, etwas Vanillepulver, 1 Prise Salz, 2 EL Ahornsirup** und **2 EL weiche Butter** mit den Fingern zu Krümeln verkneten und diese als Streusel auf den Äpfeln verteilen. Den Crumble auf mittlerer Schiene etwa 30 Minuten goldbraun backen. Aus dem Ofen nehmen, 10–15 Minuten abkühlen lassen und mit **Vanille-, Walnuss- oder Schokoladeneis** servieren.

Radicchio: bitter, aber spannend

Kein Zweifel – Radicchio schmeckt bitter. Und gerade das macht ihn so interessant für kreative Salat-, Bowl- und Sandwich-Ideen. **Der Trick ist, Radicchio mit fruchtigen, süßen Partnern oder cremigreichhaltigem Käse zu kombinieren.**

Perfekt zu Radicchio:

Birne, Apfel, Orange, Mandarine, Burrata, Parmesan, Blauschimmelkäse, cremiger Ziegenkäse, geröstete Nüsse, Cranberrys oder Datteln

Weiße Express-Pizza mit Radicchio und Trauben

Irgendwo zwischen Pizza und Flammkuchen liegt dieses schnelle Feierabend-Rezept: Anstelle eines klassischen Pizzabodens kommen fertige Tortilla-Wraps aufs Blech und werden mit einer cremigen Parmesan-Schmand-Mischung bestrichen. Natürlich darf beim Belag kreativ experimentiert werden – ein Grundrezept, das viele Variationen zulässt.

FÜR 4 PORTIONEN

4 Tortilla-Wraps (Fertigprodukt)
250 g Schmand
125 g Parmesan, gerieben, plus 8 EL zum Servieren
Salz
6 EL gehackte Walnusskerne
1 kleiner Radicchio (ca. 250 g)
150 g kernlose rote Weintrauben
frisch gemahlener schwarzer Pfeffer
2 EL Olivenöl
1 EL dunkler Balsamicoessig
8 EL frisch gehobelter Parmesan

Den Backofen auf 180 °C (Umluft) vorheizen.

Die Tortillas jeweils auf ein mit Backpapier belegtes Blech legen, ggf. passen zwei Fladen auf ein Blech.

Für den Belag in einer Schüssel den Schmand mit dem geriebenen Parmesan gut vermengen und mit Salz abschmecken. Die Schmand-Parmesan-Creme gleichmäßig auf den Tortilla-Fladen verstreichen, dabei außen einen kleinen Rand frei lassen.

Die Tortilla-Fladen mit den gehackten Walnusskernen bestreuen und im vorgeheizten Ofen auf mittlerer Schiene 8–10 Minuten backen, bis die Creme leicht goldbraun ist. Bitte aufpassen: Jeder Ofen backt anders, die Fladen sollten nicht zu dunkel werden. Die Pizzen, die oben gebacken werden, bräunen meist schneller, daher am besten nach 5 Minuten die Bleche tauschen.

Während die Böden im Ofen sind, den Radicchio waschen, möglicherweise schlappe äußere Blätter entfernen und bestenfalls mit dem Herz in der Mitte arbeiten. Den knackigen Salat in grobe Stücke zupfen. Die Trauben waschen und vierteln. Beides in einer Schale salzen, pfeffern und locker mit Olivenöl und Balsamico marinieren.

Die weißen Pizzen aus dem Ofen nehmen und auf Tellern platzieren. Den marinierten Radicchio-Trauben-Mix auf den Pizzen verteilen, mit frisch gehobeltem Parmesan bestreuen und direkt servieren.

TAUSCH MAL

Trauben	**Pflaumen- oder Zwetschgenwürfel oder Feigenstücke**
Radicchio	**Chicorée, Rucola, Postelein oder Asia-Salat**

Orientalischer Feldsalat mit Birne und Belugalinsen

Feldsalat gehört zum Winter wie Rot-, Rosen- oder Grünkohl. Hier wird er mit anderen feinen Zutaten zu einem gesunden Sattmacher-Salat für die Mittagspause oder auch zu einer festlichen Vorspeise zu Weihnachten. Die Anschaffung des Granatapfeldicksafts lohnt sich – damit lassen sich auch andere wunderbare Dressings zaubern. Er ist dickflüssiger als Balsamico und bringt neben der Säure einen Hauch fruchtige Süße mit.

FÜR 4 PORTIONEN

Linsen und Salat
250 g Belugalinsen
1 TL Salz
1 EL dunkler Balsamicoessig
1 EL Ahornsirup
400 g Feldsalat
2 Birnen (ca. 300 g)
150 g Feta

Karamellisierte Walnüsse
80 g Walnusskerne
1 TL Ahornsirup
1 gute Prise Salz

Baharat-Granatapfel-Marinade
4 EL Olivenöl
2 EL Granatapfeldicksaft (alternativ dunkler Balsamicoessig)
2 EL Ahornsirup
1 Msp. Baharat-Gewürzmischung
1 Msp. Currypulver

Die Belugalinsen nach Packungsanleitung in Wasser kochen, das mit Salz, Essig und Ahornsirup gewürzt wurde. Dann abgießen und abtropfen lassen.

Den Ofen auf 180 °C vorheizen. Die Walnusskerne mit dem Ahornsirup und dem Salz vermengen und auf ein mit Backpapier ausgelegtes Blech geben. Im heißen Ofen 10–12 Minuten goldbraun rösten, dann herausnehmen und abkühlen lassen.

Den Feldsalat gründlich waschen und trocken schleudern. Die Birnen waschen, entkernen und in hauchdünne Spalten schneiden. Den Feta grob zerbröseln. Für die Marinade alle Zutaten vermischen und abschmecken.

Die Linsen mit der Hälfte der Marinade vermengen, die übrige Marinade locker mit dem Feldsalat vermischen. Dabei nicht zu viel Marinade verwenden, sonst fällt der Salat schnell zusammen. Zuletzt alle Zutaten vorsichtig miteinander vermengen, in Schalen oder auf Tellern anrichten und servieren.

TAUSCH MAL

Birnen	**Äpfel, Trauben, Khaki oder 100 g Granatapfelkerne**
Feldsalat	**Endiviensalat, Romanasalatherzen, Kopfsalat oder Radicchio**

Kräuterseitling-»Scallops« auf cremigen Perlgraupen

Sie sehen aus wie Jakobsmuscheln – und schmecken auch fast so! Zumindest ist die Ähnlichkeit zwischen den gebratenen Stielen der Kräuterseitlinge und Jakobsmuscheln verblüffend. Wichtig: Die Pilzstiele nur kurz, also etwa 3 Minuten pro Seite, braten, dann sind die »Scallops« außen minimal knusprig und innen angenehm weich mit leichtem Biss, eben wie Jakobsmuscheln.

FÜR 4 PORTIONEN

Pilz-»Scallops«
800 g Kräuterseitlinge mit sehr dicken Stielen
3 EL Olivenöl
Salz (alternativ Gemüsebrühe)
1 EL Butter

Cremige Perlgraupen
300 g Perlgraupen
Salz (alternativ Gemüsebrühe)
2 mittelgroße Zwiebeln oder 4 Schalotten
2 Knoblauchzehen
Hüte der Kräuterseitlinge (siehe oben)
2 EL Olivenöl
100 ml Weißwein (alternativ Gemüsebrühe)
250 g Sahne
frisch gemahlener schwarzer Pfeffer
4 knackige Blätter Radicchiosalat

Für die Pilz-»Scallops« die Pilze putzen und die dicken Stiele von den Hüten trennen. Die Hüte für die cremigen Graupen beiseitelegen. Die Stiele in 2–3 cm dicke Scheiben schneiden und beide Schnittflächen rautenförmig einritzen. Beiseitestellen.

Die Perlgraupen in Salzwasser oder Gemüsebrühe 25 Minuten garen, dann abgießen. Währenddessen Zwiebeln und Knoblauch schälen und sehr fein würfeln. Die Hüte der Kräuterseitlinge mit der Küchenmaschine oder dem Messer sehr fein hacken.

2 EL Olivenöl in einem Topf erhitzen und die Zwiebel- sowie Knoblauchwürfel darin 5 Minuten unter Rühren glasig dünsten. Die gehackten Kräuterseitling-Köpfe dazugeben und 3 Minuten sanft mitbraten, sie sollen nur wenig Farbe annehmen, dann salzen. Den Weißwein angießen und offen einköcheln lassen. Die Sahne zugießen und bei schwacher Hitze ebenfalls leicht einköcheln lassen, zwischendurch umrühren.

In der Zwischenzeit 3 EL Olivenöl in einer großen beschichteten Pfanne erhitzen. Die Pilz-»Scallops« darin von beiden Seiten je 3 Minuten goldbraun braten und salzen. Die Butter zugeben, kurz aufschäumen lassen und die Pilze damit glasieren.

Die abgetropften Graupen in den Pilz-Sahne-Mix rühren und bei mittlerer Hitze noch 5 Minuten zusammen garen. Zwischendurch umrühren, damit nichts ansetzt. Die cremigen Perlgraupen mit Salz und Pfeffer abschmecken und mit den gebratenen Pilz-Stielen und knackigen Radicchioblättern in tiefen Tellern anrichten. Sofort servieren.

TAUSCH MAL

Radicchio	Chicorée oder Pak Choi

Mit Pickles durchs Jahr

Süßsauer eingelegtes Gemüse kennen wir schon aus Omas Vorratskeller: Gurken, Perlzwiebeln, Karotten, Zucchini oder Kürbiswürfel werden mit einem Sud aus Zucker, Essig und Wasser übergossen, vielleicht noch mit Senfkörnern, Dill oder Lorbeer verfeinert und so für den Winter haltbar gemacht. »Pickles« ist einfach der englische Begriff und kommt von »to pickle» = einlegen. No-Waste-Tipp: Den Pickle-Sud nicht wegschütten – er kann super als Basis für Dressings und Saucen oder zum Abschmecken von Marinaden, Ragouts und Suppen dienen.

UND SO GEHT'S: Für Pickles eignen sich im Prinzip alle Gemüse- und Fruchtsorten, die man süßsauer abschmecken und haltbar machen möchte. Das Einlegen funktioniert wahlweise mit einem warmen oder kalten Sud aus Zucker, Essig und Wasser. Der warme Sud sorgt dafür, dass das Gemüse nach dem Aufgießen leicht angart. Besonders feste Gemüsestücke wie Rote-Bete-Würfel oder dicker geschnittene Karottenscheiben können auch 1–5 Minuten im Einlegesud gekocht werden. Dabei berücksichtigen, dass das Gemüse im warmen Sud noch nachgart, aber immer etwas Biss behalten sollte.

Zucker, Essig und Wasser vermengen. Für einen warmen Sud aufkochen, für einen kalten mit einem Pürierstab durchmixen, damit sich der Zucker komplett auflöst. Nach Wunsch mit Gewürzen (siehe unten) verfeinern und über das fein geschnittene Gemüse in einem sterilisierten Glas gießen. Das Gemüse sollte immer komplett vom Sud bedeckt sein. Das Glas luftdicht verschließen und an einem dunklen, kühlen Ort lagern. Gemüse-Pickles halten sich mehrere Monate und schmecken mit der Zeit immer intensiver süßsäuerlich. Wichtig: Für die Entnahme immer einen sauberen Löffel oder eine saubere Gabel nutzen.

Pickle-Sud – süßliche Variante

1 Teil Zucker
1 Teil Essig (z. B. Weißweinessig, Apfelessig, Reisessig oder Tafelessig)
1 Teil Wasser

Pickle-Sud – säuerliche Variante

1 Teil Zucker
2 Teile Essig
3 Teile Wasser

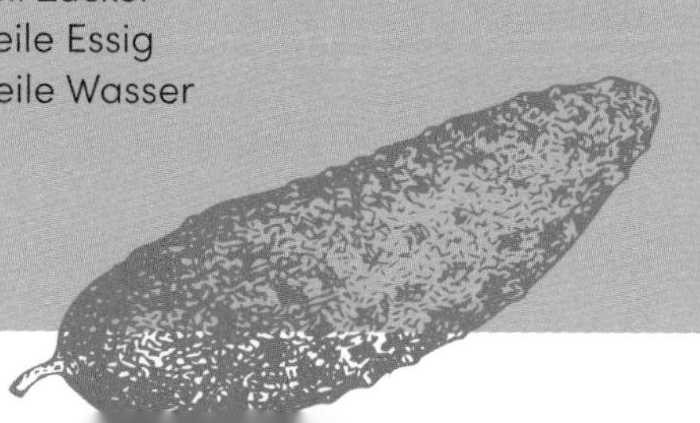

MIT GEWÜRZEN VARIIEREN: Schon der Basis-Sud aus Zucker, Essig und Wasser gibt dem Gemüse einen wunderbar kräftigen Geschmack. Wer das Gemüse zusätzlich würzen oder auch färben möchte, darf beherzt in die Gewürzkiste greifen. Folgende Kombinationen machen Lust auf mehr:

Blumenkohl, Mairübchen oder Kohlrabi mit Ras el Hanout, Kurkuma und Reisessig

Radieschen mit Senfkörnern, roten Zwiebelspalten und Weißweinessig

Mini-Gurken mit Reisessig und Ingwer

Gurken mit Senfkörnern, Lorbeer, Dill und Fenchelblüten

FRÜHLING:

Pinke Rhabarber-Pickles

Rhabarberstücke in ein sterilisiertes Glas geben. Pickle-Sud (siehe Grundrezepte links) mit **1 Schuss Rote-Bete-Saft** oder etwas **Grenadine** (dann den säuerlichen Pickle-Sud wählen) färben und einmal aufkochen. Über die Rhabarberstücke gießen, das Glas verschließen, abkühlen lassen.

PROBIER'S MIT: Grünem Spargel mit Burrata und Bärlauchpesto (S. 72), Gelber Bete mit Ziegenfrischkäse und Birne (S. 54), Gebratenem Rhabarber mit Quinoa, Rucola und Hirtenkäse (S. 70)

SOMMER:

Kirschtomaten-Pickles mit Sojasauce

Hier wird der Pickle-Sud (siehe Grundrezepte links) um salzige Sojasauce ergänzt: **Kleine, süße Kirschtomaten** waschen und in ein sterilisiertes Glas geben. Einen Sud aus **2 Teilen Wasser, 1 Teil Zucker, 1 Teil Sojasauce** sowie **1 Teil Tafelessig** herstellen und mit dem Pürierstab durchmixen, sodass sich der Zucker komplett auflöst. Die Kirschtomaten vollständig mit dem bräunlichen Sud bedecken, das Glas luftdicht verschließen und mindestens 2 Wochen im Kühlschrank ziehen lassen.

PROBIER'S MIT: Orientalische Aubergine mit Baharat (S. 138), Paprika-Rührei mit Chorizo und Sommerkräutern (S. 143), Ofengemüse, pikanten, orientalischen oder mediterranen Pasta- oder auch Fischgerichten

HERBST:

Kürbis-Pickles mit Vanille und Chili

Butternutkürbis in dünne Scheiben hobeln und in ein sterilisiertes Glas geben. Den Pickle-Sud (siehe Grundrezepte links) aufkochen und mit **1 Prise Vanillemark** oder einem **kleinen Stück Vanilleschote** sowie einem Hauch **Chiliflocken** verfeinern. Über den Kürbis gießen und das Glas verschließen.

Vanille hebt den Eigengeschmack des Kürbis hervor, ohne dass man sie herausschmeckt, Chili ist der perfekte Gegenspieler. Der Sud passt auch zu Karotten, Pastinaken oder Gelber Bete.

PROBIER'S MIT: Ofen-Kürbis mit veganer Kürbiskernmayo (S. 166), Süßkartoffeln aus dem Ofen mit Joghurt (S. 150), Weißer Express-Pizza mit Radicchio und Trauben (S. 204)

WINTER:

Rotkohl-Pickles mit Sternanis und Zimt

Rotkohl in feinen Streifen in ein sterilisiertes Glas schichten und mit kochendem Pickle-Sud (siehe Grundrezepte links) übergießen. **1–2 Sternanis** und **1 kleine Zimtstange** mit ins Glas geben und dieses luftdicht verschließen. Auch **1–2 Gewürznelken** sowie **einige Korianderkörner** passen sehr gut.

PROBIER'S MIT: Rotkohlsalat mit Hackbällchen und Miso-Mayo (S. 30), Orientalischem Feldsalat mit Birne und Belugalinsen (S. 206), Ofen-Zwiebeln und Pflaumen mit Burrata (S. 38)

Gemüse immer wieder neu entdeckt!

Damit du zu deinen Schätzen aus der Gemüsekiste immer das passende Rezept findest, enthält dieses Buch zwei Register.

Im **Gemüse- und Obstregister** findest du alle Gemüse- und Obstsorten, die in diesem Buch vertreten sind. Hinter den fettgedruckten Titeln verstecken sich die Rezepte, in denen das jeweilige Gemüse als Monatsliebling die Hauptrolle spielt. In den darunter aufgelisteten Rezepten ist es Teil eines anderen Gerichts im Buch und die Seitenzahlen hinter **TAUSCH MAL** verraten dir, bei welchen Rezepten das Gemüse als Tauschoption glänzt.

Das **Rezeptregister** (S. 222) verschafft dir noch mal einen alphabetischen Überblick über alle Rezepte im Buch.

Viel Spaß beim Stöbern!

Gemüse- und Obstregister

B

Bärlauch

Birne

Blumenkohl

Bohnen

Brokkoli

Brunnenkresse

Bundkarotten

Butternutkürbis

C

Champignons

Chicorée

Chinakohl

E

Endiviensalat

Erbsen

F

Feldsalat

Rezeptregister

O

P

R

S

T

V

W

Die Autorin

Stefanie Hiekmann ist Kochbuchautorin, Foodfotografin und Journalistin. Sie schreibt und fotografiert für verschiedene Zeitungen, Magazine und *Verlage* (u. a. »Der Feinschmecker«, »Frankfurter Allgemeine Sonntagszeitung«, »Welt am Sonntag«). Für ihre Bücher entwickelt die Osnabrückerin raffinierte Gemüserezepte mit Kräutern und Gewürzen, die für frischen Wind und besondere Geschmacksmomente in der Alltagsküche sorgen. Seit zehn Jahren ist sie in Spitzenküchen unterwegs und arbeitet mit Küchenstars wie Cornelia Poletto, Alexander Herrmann, Lucki Maurer, Lisa Angermann, Tim Raue und Thomas Bühner.

Ihre Bücher sind mehrfach mit den Medaillen der Gastronomischen Akademie Deutschlands (GAD) sowie vom Deutschen Kochbuchpreis ausgezeichnet worden.

Seit 2018 ist Stefanie Hiekmann Jurymitglied in der ZDF-Kochsendung »Stadt, Land, Lecker«. Sie moderiert Foodtalks und kulinarische Events und berät gastronomische Unternehmen und Restaurants.

stefaniehiekmann.de

Rezeptentwicklung & Texte Stefanie Hiekmann
Food-, People- & Moodfotografie Stefanie Hiekmann
Versuchsküche & Foodstyling Stefanie Hiekmann, Frederic Rumpenhorst

Wir bedanken uns bei ASA Selection für die freundliche Unterstützung durch Requisiten für die Foodfotos in diesem Buch.

Bildnachweis
Alle Illustrationen im Innenteil von 123RF.com
lubovchipurko: Cover, Seiten 4-5, 8, 10, 13 unten links, 14-17, 29 unten rechts, 43 unten rechts, 75 Mitte rechts, 82-83, 94-95 unten, 106 oben rechts, 107 unten links, 107 rechts, 111 oben rechts, 122 unten links, 141 Mitte unten rechts, 141 Mitte unten, 170 oben rechts, 171, 176 unten links, 186, 202 unten rechts, 210 oben rechts, 210 unten rechts, 211
Liudmila Varlamova: Seiten 46-47
diviarts: Seite 170 unten links

Lektorat Julia Voigtländer
Grafische Gestaltung Stefanie Wawer

Für den DK Verlag:
Projektbetreuung Muriel Magon
Herstellungskoordination, Herstellung Franziska Creutzburg

ISBN 978-3-8310-4853-3
5902-970691-23347-03

Repro Farbsatz, Neuried/München
Druck und Bindung DZS Grafik, Slowenien

www.dk-verlag.de

Hinweis
Die Informationen und Ratschläge in diesem Buch sind von der Autorin und vom Verlag sorgfältig erwogen und geprüft, dennoch kann eine Garantie nicht übernommen werden.
Eine Haftung der Autorin bzw. des Verlags und seiner Beauftragten für Personen-, Sach- und Vermögensschäden ist ausgeschlossen.

Soweit nicht anders angegeben, beziehen sich die Temperaturangaben für den Ofen auf Ober- und Unterhitze. Bei Umluft verringert sich die Temperatur um etwa 20 °C. Beachte hierzu gegebenenfalls auch die Angaben des Herstellers.

GGBE GmbH
Die Gemüsegärtner
Alte Heerstraße 20
49565 Bramsche